Knaur
MensSana

Über die Autorin:

Die Feng-Shui-Expertin Lillian Too lebt in Malaysia, wo sie Leiterin eines Verlags und einer Investmentfirma ist. Zudem berät sie Großunternehmen bei ihren Bauvorhaben.

Lillian Too

Schlüssel zum Glück mit Feng Shui

Praktische Tips zur Steigerung der Lebensqualität

Aus dem Englischen von
Diane von Weltzien

Knaur
MensSana

Die englische Originalausgabe erschien 1999 unter dem Titel
»Creating Abundance with Feng Shui« bei Rider/Ebury Press, London

Besuchen Sie uns im Internet:
www.knaur.de

Vollständige Taschenbuchausgabe 2002

Umschlaggestaltung: ZERO Werbeagentur, München
Umschlagabbildung: Zefa, Düsseldorf
Satz: Ventura Publisher im Verlag
Druck und Bindung: Nørhaven Paperback A/S
Printed in Denmark
ISBN 3-426-87162-9

2 4 5 3 1

Für Jennifer,
jetzt mehr als jemals zuvor.

Inhalt

Vorwort

Reichtum schaffen bedeutet mehr, als einfach nur Geld zu machen. Reichtum umfaßt all die wunderbaren Dinge, die das eigene Leben erfüllter machen. Es gibt acht Arten des Reichtums: materieller Besitz, Anerkennung, Erfolg, gute Gesundheit, liebevolle Beziehungen, familiäres Glück, persönliches Wachstum und persönliches Glück. Dieser letzte ist für mich der »Wohlfühlreichtum«, und er bezeichnet das großmütige und gute Herz, welches das schönste Ergebnis eines Lebens in Fülle ist. Das ist der Zustand vollkommenen Glücks, weil in ihn das spirituelle Höchste eingebunden ist, das in uns allen schläft.

Es gibt unterschiedliche Methoden, um Reichtum zu schaffen. In meiner Herangehensweise kombiniere ich die Entwicklung von starker, doch entspannter persönlicher Entschlossenheit mit der klugen Anwendung von Feng-Shui-Lösungen. Feng Shui ist eine sehr alte chinesische Praxis, die dem Zweck dient, mit der Umwelt in Frieden zu leben. Es empfiehlt Ihnen Methoden, um Ihren Lebensraum harmonisch zu gestalten, damit Sie sich im Einklang mit den Mustern und Schwingungen der Sie umgebenden Energien bewegen können. Das Ergebnis ist harmonisches Verschmelzen der persönlichen Lebenskraft mit der Energie der Umwelt, was wiederum einen Überfluß an günstigem kosmischen Qi erzeugt. Und dieses Qi schließlich zieht Reichtum, Liebe, Erfolg, Gesundheit, Anerkennung, Beliebtheit und Glück an.

Feng Shui läßt sich sehr leicht in die Praxis umsetzen, und einfaches Feng Shui funktioniert ebensogut wie fortgeschrittenes. Vieles an der Praxis von Feng Shui grenzt ans Wunderbare, nicht zuletzt die ihr zugrundeliegende Philosophie, daß das Leben ein dynamischer Prozeß ist. Dieser Lehrsatz hat seinen Ursprung in der inspirierenden Weisheit des *I Ging*, des *Buches der Wandlungen.*

Im Zentrum des *I Ging* steht die Aussage, daß sich das Universum in einem Zustand des Flusses befindet, sich unablässig entwickelt und verändert. Glück verwandelt sich in Unglück, das sich wiederum in Glück verwandelt. Unser Leben ist niemals statisch. Gerade, wenn wir glauben, daß alles verloren ist, kommt etwas – jemand – mit einer Lösung daher und verschafft uns in unserer materiellen Not oder in unserer Krankheit oder in unserer Verzweiflung Erleichterung.

Und gerade wenn wir anfangen, wegen unseres Erfolges Selbstgefälligkeit und Arroganz zu entwickeln, kann es vorkommen, daß wir schon am nächsten Morgen unsere Welt zertrümmert und in Scherben finden. Feng Shui macht uns das Leben leichter, wenn sich das Glück von uns abgewandt hat, und beschert uns erstaunliche Erfolge, wenn wir das Glück an unserer Seite wissen. Es verstärkt die Hochs und verkleinert die Tiefs. Feng Shui schafft Vorbereitungen und Orientierungen, welche die Energien des umliegenden Raumes verbessern und dadurch in guten Zeiten Glück anziehen und in schlechten Zeiten Unglück auflösen.

Doch Feng Shui funktioniert auch zusammen mit spiritueller Kraft. Feng Shui ist das Erdenglück, und es bringt Möglichkeiten für ein besseres materielles Leben mit sich. Um das Erdenglück zu verbessern, muß es mit dem Menschheitsglück verbunden werden, dem Glück, das wir für uns selbst schaffen. Je besser Sie den materiellen Reichtum, der mit dem Erdenglück einhergeht, mit der Spiritualität, Kreativität und Beharrlichkeit des Menschheitsglücks verbinden können, desto anhaltender wird die Fülle sein.

Feng Shui setzt Einfühlungsvermögen voraus: nicht nur in die feinen, sich wandelnden Energiemuster der Umgebung, sondern auch in die angeborenen Energien des Selbst. Veränderungen der Energiemuster von Landschaft und menschlicher Psyche wirken sich auf das Feng Shui des persönlichen Raums aus. Beide werden zudem von der Zeit beeinflußt.

Feng-Shui-Bewußtsein hilft Ihnen dabei, ein Gespür dafür zu entwickeln, die Qualitäten und die Eigenschaften der Energien zu erkennen, die Sie umgeben. Feng Shui lehrt Sie, diese Energien zu verfeinern und zu verbessern, damit sie günstig, freundlich und harmonisch werden und Reichtum herbeiführen. Feng Shui zeigt Ihnen außerdem, welche Möglichkeiten Sie haben, um die positiven Auswirkungen von Feng-Shui-Verstärkern zu vergrößern und zu beschleunigen, indem sie die Feng-Shui-Praxis mit dem Einsatz Ihres Geistes, Ihrer Kreativität und Ihrer Phantasie verbinden. Im Laufe der Zeit werden Sie feststellen, daß Ihr Leben zunehmend von Reichtum, Glück und einem allgemeinen Gefühl des Wohlergehens erfüllt sein wird.

Auf Reichtum programmieren

»Du sollst dir selbst Fülle verordnen,
und sie soll für dich geschaffen werden ...
Ein offener Geist und ein sanftes Herz; eine Bestimmung,
dein Leben zu bereichern.
Und Feng Shui wird dich mit wahrhaft wunderbaren
Ergebnissen in Erstaunen versetzen.«

Wie wichtig ist es für Sie, Reichtum in Ihr Leben zu holen? Wie oft haben Sie sich hingesetzt, um über all die Dinge nachzudenken, die Sie gerne hätten? Wie wohl fühlen Sie sich damit, materiellen Wohlstand, Erfolg, Anerkennung, mehr Geld, mehr Freizeit, einen angenehmeren Lebensstil, Liebe, wirklich erfüllende Beziehungen, Beliebtheit, gute Gesundheit und jede Menge Erfolg zu wollen? Welches Gefühl haben Sie bei den ganzen Wünschen, die Ihnen einfallen und die Ihnen Glück und Erfüllung bescheren sollen?

Am besten fangen Sie an, indem Sie über all das Streben in Ihrem Leben gründlich nachdenken. Wenn Sie sich nach Erfolg sehnen, dann müssen Sie herausfinden, welcher Art dieser Erfolg sein soll. Wenn Sie sich eine Beziehung wünschen, dann sollten Sie genau erforschen, wie diese Beziehung aussehen soll. Feng Shui hat die Macht, Ihre Vorstellungen erst zu verstärken und dann zu verwirklichen. Wenn Sie Ihre Wünsche durchdenken, dann legen Sie ein großes Stück auf der Strecke zurück, die zu ihrer Erfüllung auf genau die Weise führt, wie Sie es sich vorstellen.

Solange Sie nicht über Reichtum nachgedacht haben und sich mit dem Gedanken nicht wohl fühlen, daß Sie ihn wirklich haben wollen, wird es schwierig sein, Reichtum in Ihrem Leben

Seien Sie ruhig skeptisch

Wenn Sie hier zum ersten Mal von Feng Shui hören und von den aufregenden Versprechungen dieses uralten Weisheitsschatzes lesen, dann ist es durchaus verständlich, skeptisch zu reagieren. Wenn Sie aufgefordert werden zu glauben, daß es Erfolg, Reichtum und Wohlergehen in Ihr Leben bringt, indem Sie einfach in Harmonie mit Ihrer Umgebung leben und in Übereinstimmung mit Feng Shui, dann werden Sie sicherlich Zweifel haben. Es ist ganz natürlich, auf alle diese Versprechungen mit einer gesunden Portion Mißtrauen zu reagieren.
Feng Shui wirkt tatsächlich wie Zauberei, und oft ist eine scheinbar geheimnisvolle Kraft bei der Arbeit. Also ist es vollkommen richtig, vorsichtig und skeptisch zu sein. Ich habe ganz genauso empfunden, als ich vor vielen Jahren zum ersten Mal mit Feng Shui in Berührung kam. Und ich habe lange Zeit gebraucht, bis ich Feng Shui ernst nehmen konnte.
Das hielt mich jedoch nicht davon ab, mit Feng Shui zu experimentieren, und in der Folge profitierte ich unglaublich davon. Ich folgerte, daß ich nichts zu verlieren hatte, wenn es nur darum ging, meinen Tisch zu verschieben, meine Schlafrichtung zu ändern oder ein Wassersymbol in meinem Garten aufzubauen. Ich war davon überzeugt, daß die Auswirkungen all dieser einfachen Veränderungen sehr wohl phänomenal sein *könnten.* Ich betrachtete Feng Shui aber eher mit Skepsis und Belustigung. Bis es uns unsere Tochter brachte.
Mein Mann und ich waren während der ersten zehn Jahre unserer Ehe kinderlos geblieben, und erst mit der Hilfe von Feng Shui kam Jennifer zu uns. Im Rückblick und in Anbetracht des großen Glücks, des Wohlstands und der Erfüllung, die Feng Shui in unser Leben gebracht hat, bin ich der Meinung, daß die

ursprüngliche Entscheidung, ihm die Gelegenheit zu geben, mit seiner besonderen Drachenmagie auf unser Leben einzuwirken, ein sehr weiser Entschluß war.
Natürlich, man muß bedenken, daß durch diese Entscheidung keine negativen Auswirkungen zu erwarten waren. Ich hatte nichts zu verlieren. Heute bin ich davon überzeugt, daß es genau diese Einstellung war, die mich unglaublich von Feng Shui profitieren ließ. Sowohl in beruflicher wie in persönlicher Hinsicht blühte mein Leben auf, und als ich Jahre danach mein Geldglück aktivierte, indem ich eine bestimmte Technik für die Steigerung meines Wohlstandsglücks energetisierte, da verdiente ich achtzehn Monate genug Geld, um mich auf Dauer aus dem Angestelltendasein zurückzuziehen!
Feng Shui hat mir außerdem in so vielen anderen Dingen geholfen, daß ich sie hier gar nicht alle aufzählen kann. Es reicht aus, darauf hinzuweisen, daß Feng Shui immer auch meiner Familie von Nutzen war. Mein Mann und ich erfreuen uns bester Gesundheit. Wir sind nun seit über dreißig Jahren verheiratet. Wir besitzen ein wunderbares Zuhause und sind über unseren großartigen Lebensstil glücklich. Letztes Jahr machte Jennifer ihren Abschluß in Cambridge und ist nun ins Berufsleben eingetreten. Das ist natürlich nicht alles allein auf Feng Shui zurückzuführen. Doch Feng Shui wirkte auf bedeutsame und positive Weise unterstützend.

zu manifestieren. Nur dann, wenn Sie das, was Sie sich wünschen, mit Klarheit und entspannter Entschlossenheit wollen, werden Sie es bekommen. Sonst kann es, egal, was Sie tun und welche Methode Sie auch ausprobieren, nicht funktionieren. Um erfolgreich Fülle zu schaffen, müssen Sie leidenschaftlich danach verlangen. Die Voraussetzung von Fülle ist, daß Sie das, was Sie sich wünschen, mit unbeirrbarer Konzentration verfolgen. Eifer und Begeisterung sind unbedingt erforderlich. Und es ist hilfreich, wenn Sie genau wissen, welche Art von Fülle Sie wollen. Je klarer das Bild von dem Glück ist, zu dem Sie sich vorarbeiten, desto zielgenauer und wirkungsvoller werden die Energien sein, die Sie erzeugen können.

Seien Sie leidenschaftlich in bezug auf Ihre Wünsche. Doch achten auch Sie darauf, daß es sich um eine entspannte Leidenschaft handelt. Nehmen Sie sich in acht davor, Ihre Ziele allzu zwanghaft zu verfolgen. Wenn Sie Ihre Wünsche mit zu viel Nachdruck verbinden, dann entsteht Spannung, die negative Energie erzeugt und sich zu Ihren Ungunsten auswirkt.

Richtig angewandtes Feng Shui zieht positive Ergebnisse nach sich. Wenn Sie es falsch anwenden, dann kann es nicht funktionieren. Bei der Umsetzung von Empfehlungen können sich in jeder Phase des Prozesses Fehler einschleichen. So könnte es zum Beispiel sein, daß Sie die Anweisungen mißverstehen. Oder Sie haben Ihren persönlichen Raum falsch abgegrenzt. Oder Sie sind bei den Himmelsrichtungen durcheinandergekommen. Fehler kommen auch zustande, wenn Sie zu angespannt sind. Die Umsetzung von Feng Shui in die Praxis wird Ihnen besser gelingen, wenn Sie sich eine gelassenere Herangehensweise bewahren. Übermäßige Anspannung erzeugt nur negative Energien. Betrachten Sie die Sache darum mit der entspannten Überzeugung, daß Sie wissen, was Sie tun. Dann ist die Chance, daß Feng Shui auch für Sie funktionieren wird, sehr groß. Ergebnisse werden sich rascher einstellen, als Sie es sich vorgestellt hätten.

Wenn Sie diesen wichtigen Punkt verstehen, dann sind Sie bereit, Feng Shui und seine Techniken einzusetzen, um jegliche und alle Formen des Reichtums in Ihr Leben zu holen.

Entscheidend dabei ist, mehr an sich als unbedingt an die Praxis des Feng Shui zu glauben. Sobald Sie sich erst einmal darüber Klarheit verschafft haben, auf welche Weise Sie Feng Shui zur Verbesserung Ihres Lebensraums heranziehen wollen, müssen Sie an sich selbst glauben und darauf vertrauen, daß Sie das Richtige tun.

Die Einfachheit der Feng-Shui-Praxis

Es ist leicht, sich von der Feng-Shui-Praxis und der ihr zugrundeliegenden Philosophie angezogen zu fühlen. Obgleich die Ursprünge von Feng Shui mehr als dreitausend Jahre zurückliegen, sind seine zahlreichen Richtlinien im Hinblick darauf, wie man seinen Lebensraum einrichtet, um harmonische und günstige Energien anzuziehen, außerordentlich einfach, sobald Sie erst einmal die Grundlagen verstanden haben.

Der bedeutende chinesische Klassiker, das *I Ging*, hat die Entwicklung von Feng Shui entscheidend beeinflußt, und darum gleichen so viele Feng-Shui-Richtlinien anderen chinesischen Praktiken, die ebenfalls auf dem *I Ging* beruhen. Die philosophische Essenz des *I Ging* besagt, daß das Menschheitsglück sich ständig verändert und entwickelt, es verwandelt sich in einem unveränderlichen Rhythmus von Glück in Unglück und wieder in Glück.

Es ist möglich, diesen Zyklus von Glück und Unglück zu beeinflussen, wenn Sie die Geheimnisse von den Energien der Erde kennen und wissen, wie Sie diese verändern können. Und genau darum geht es bei den Techniken des Feng Shui, mit denen Sie Unglücksphasen mäßigen und Glücksphasen um ein Vielfaches steigern können.

Vielleicht glauben Sie, daß die gegenwärtige Popularität von

Feng Shui eine vorübergehende Mode ist, eine leichtfertig aus dem Osten aufgeschnappte Laune. Doch eine solche Ansicht kann nur jemand haben, dem eine wirkliche Kenntnis des Feng Shui fehlt.
Die Praxis des Feng Shui hat eine große Breiten- und Tiefenwirkung. Sobald Sie dies durchschauen und die immensen Möglichkeiten von Feng Shui erkennen, wird es Sie faszinieren. Sie werden feststellen, daß sich seine Methoden sehr leicht erlernen und praktizieren lassen. Und wenn Sie dann noch sehen, wie Feng Shui die Versprechungen seines gewaltigen Potentials erfüllt, dann wird Ihnen Feng Shui nicht nur Spaß machen, sondern Sie werden es auch mit zunehmendem Respekt betrachten.

Was genau ist Feng Shui?

Feng Shui ist Theorie und Praxis zugleich. Es ist eine Sammlung von Fachkenntnissen, die zugleich als Wissenschaft und als Kunst betrachtet werden kann. Als Kunst, weil man Einfühlungsvermögen und Intuition braucht, als Wissenschaft, weil seine praktische Anwendung sehr genaue Messungen von Dimensionen und Himmelsrichtungen voraussetzt. Tatsächlich ist die Anwendung von Feng-Shui-Formeln, wenn die Messungen erst einmal richtig erfolgt sind, oft von derart durchschlagender Wirkung, und es funktioniert so schnell, daß die, die davon profitieren, rasch zu begeisterten Praktikern werden.
Die Chinesen in Hongkong und Taiwan zum Beispiel werden nur selten ihr Zuhause oder ihr Büro wechseln, ohne zuvor einen Feng-Shui-Meister zu Rate gezogen zu haben. Ich selbst finde das nicht zwingend notwendig, denn meiner Überzeugung nach kann man Feng Shui auch ohne fremde Unterstüt-

zung praktizieren. Für das eigene Haus oder die eigene Wohnung finde ich es sowohl teuer als auch übertrieben, einen Feng-Shui-Berater hinzuzuziehen. Es ist besser, das Privatleben als solches zu erhalten, die korrekte Anwendung von Feng Shui selbst zu erlernen und sich dann an der langsamen, selbst geschaffenen Verbesserung des eigenen Heims durch Feng Shui zu erfreuen.

In großen Bürogebäuden sollten jedoch Feng-Shui-Meister zum Einsatz kommen. Ein professioneller Berater, der die Gestaltung des Büros übernimmt, wirkt Wunder im Hinblick auf das Geschäftsergebnis. Für die korrekte Diagnose dessen, was nicht stimmt, ist für gewöhnlich das erfahrene Auge eines Meisterpraktikers sehr dienlich, denn gutes Urteilsvermögen setzt im Feng Shui, wie in jedem anderen Beruf, einen reichen Erfahrungsschatz voraus. Das trifft insbesondere für die Feng-Shui-Richtungen zu, die weniger wissenschaftlich orientiert sind und sich mehr mit der Bestimmung von Landschaftsarten, den energetischen Eigenschaften von Konturen und den Feng-Shui-Charakteristika von Erhebungen in der Landschaft beschäftigen. Dieser Aspekt der Feng-Shui-Praxis bedarf eines geübten Auges und reicher Erfahrung.

Feng Shui erfordert zugleich Subjektivität und Objektivität. Es handelt sich um eine chinesische Verfahrensweise, die auf der Basis von Symbolen arbeitet, was leicht dazu verführen könnte, sie als Aberglauben zurückzuweisen. Doch Feng Shui ist tief verwurzelt in der chinesischen Seele und hat eine lange kulturelle Tradition. Außerdem gibt es in anderen Ländern vergleichbare Praktiken, die dem Feng Shui teilweise ähneln, jedoch basieren sie auf Theorien, die sich beträchtlich voneinander unterscheiden – *Vastu* aus Indien und Pendeln zur Lokalisierung von Wasseradern etwa sind zwei Praktiken, die mit dem Feng Shui verwandt sind.

Seien Sie unvoreingenommen

Wenn Sie mit Feng Shui Ihr Leben verbessern wollen, dann sollten Sie unvoreingenommen sein. Tauchen Sie in die Geheimnisse des Feng Shui ein. Hierzu müssen Sie nicht viel investieren, da Feng Shui an sich weder spirituell noch besonders geheimnisvoll ist. Sie müssen keine Ihrer religiösen Vorstellungen oder Prinzipien aufgeben, da die Praxis des Feng Shui keinerlei Anbetung, Opfer oder Glauben verlangt.

Wenn Sie Feng Shui praktizieren wollen, dann müssen Sie vielmehr akzeptieren, daß es dem westlichen Verstand an sich fremd ist. Ein Großteil der Hintergründe seiner Lehren wird mit Symbolen aus der chinesischen Kultur beschrieben. Die Sprache des Feng Shui ist untrennbar mit alten Legenden verbunden, in denen von himmlischen Kreaturen, verheißungsvollen Pflanzen, Früchten, Blumen, Bäumen und anderen Glückssymbolen die Rede ist.

Die Begründungen für viele Feng-Shui-Empfehlungen können dem in der westlichen wissenschaftlichen Tradition Geschulten oft merkwürdig vorkommen. Es wird häufig Bezug genommen auf den Yin- und Yang-Aspekt einer Energie. Feng Shui arbeitet außerdem mit der Theorie der fünf Elemente, wonach das Universum und alles in ihm aus einem der fünf Elemente besteht – Erde, Wasser, Holz, Metall und Feuer –, die zueinander in einer kreisförmigen destruktiven oder produktiven Beziehung stehen. Tatsächlich ist das Verständnis der Wechselwirkung, die diese fünf Elemente im Kontext von Raum und Zeit aufeinander haben, eine Grundvoraussetzung des Feng Shui. Solche Vorstellungen sind dem westlichen Weltbild vollkommen fremd. Feng Shui macht es möglich und setzt es sogar voraus, daß wir die Umwelt aus einer vollkommen neuen Perspektive betrachten.

Viele der alten Texte bedienen sich einer indirekten, häufig metaphorischen Sprache, um Methoden und zu erwartende Ergebnisse zu beschreiben. Dies kann dazu führen, daß ein Praktiker grundlegende Feng-Shui-Ideologien vollkommen anders interpretiert als der nächste.
Feng Shui kann die Sinne überfordern und so den Anfänger entmutigen. Wenn Sie also Feng Shui nutzen möchten, um Ihr Leben zu verbessern, dann müssen Sie manchmal vielleicht Ihren Unglauben und Ihr Urteil beiseite lassen. Sobald jedoch das Wissen an der richtigen Stelle einrastet, werden Sie sich fragen, wie Ihnen all die Dinge, von denen Feng Shui spricht, bisher bloß entgangen sein konnten. Denn ein großer Bestandteil des Feng Shui beruht auf dem gesunden Menschenverstand und erschließt sich Ihnen automatisch, sobald Sie erst einmal darauf hingewiesen wurden. Es ist so, als handle es sich um Wissen, das am Rande Ihres Bewußtseins darauf wartet, zum Leben erweckt zu werden.
Wenn Sie bereits viel zum Thema gelesen haben, dann rate ich Ihnen, es sich darüber hinaus auch durch meditatives Nachdenken zu erschließen. Betrachten Sie es in Ihrem Geist von allen Seiten, und erforschen Sie die vielen Schichten möglicher Interpretationen der Umwelt, die auf den unterschiedlichen Feng-Shui-Schulen basieren. Und versuchen Sie vor allem zu erkennen, wie sie sich auf Ihr Leben auswirken könnten.
Je geschickter Sie mit der Zeit mit Feng Shui umgehen, desto atemberaubender wird es Ihnen erscheinen. Sie werden sich fragen, wie Sie je ohne es auskommen konnten.

So funktioniert Feng Shui

Falls Sie zum ersten Mal etwas über Feng Shui lesen, fragen Sie sich vielleicht, wie Feng Shui eigentlich funktioniert. In einem späteren Kapitel rate ich zum Beispiel dazu, im Norden eine Schildkröte zu plazieren, um größten Erfolg und Wohlstandsglück anzuziehen. Für jemanden, der sich noch nie zuvor mit der Praxis des Feng Shui auseinandergesetzt hat, ist tatsächlich ein Glaubenssprung erforderlich, um eine solche Aussage zu akzeptieren. Es ist nicht logisch zu erklären, welchen Beitrag das Aufstellen einer dreibeinigen Schildkröte in Ihrem Zuhause zur Steigerung Ihres Einkommens und Ihres Wohlstands leisten kann; oder wie das Anlegen eines Bambushains im Garten das Leben aller Hausbewohner verlängert.

Ich muß zugeben, daß ich nicht fähig bin, genau zu erklären, wie Feng Shui funktioniert. Aber ich kann bestätigen, daß ich mit eigenen Augen gesehen habe, wie diese einfachen symbolischen Verstärkungen des Lebensraums großartiges neues Glück für Familien geschaffen haben, die bis zu diesem Zeitpunkt unglücklich und glücklos waren. Tatsächlich habe ich festgestellt, daß der Erfolg von Feng Shui oft etwas damit zu tun hat, wie Glückssymbole innerhalb des Zuhauses plaziert werden. Feng Shui verwirklicht die Symbolik des Geistes, und es kommt häufig vor, daß Feng-Shui-Verstärker um so wirksamer sind, je klarer der Geist die Symbolik erfaßt. Sobald Sie diesen Aspekt verstehen, werden Sie sehen, wie effektiv Feng Shui mit der Macht des Geistes kombiniert werden kann.

Während Feng Shui also die Wissenschaft des Raumes ist, ist es zugleich auch ein Spiegelbild des Geistes. Es verwirklicht auf der physischen und der materiellen Ebene all das, was der Geist mit den Symbolen, die im Feng Shui zum Einsatz kommen, assoziiert.

Wenn Sie unvoreingenommen bleiben und für die zahlreichen Methoden des Feng Shui, reich und gesund zu werden, offen sind, dann werden Ihre eigenen Energien Ihnen helfen zu formulieren, wie Ihr persönlicher Raum beschaffen sein soll. Dann wird der Qi-Fluß Ihrer unmittelbaren Umgebung günstige Energien in Ihr Leben führen.

Betreten Sie die Welt des Feng Shui

In den vergangenen Jahren haben alternative Methoden viel Aufmerksamkeit erlangt, ob es um den Umgang mit Streß und Arbeitsdruck oder um gesundheitliche Probleme geht. Wunderbare neue Wege, die ihren Ursprung in verschiedenen Kulturen haben, wurden gefunden, um Blockaden zu diagnostizieren, die den Fluß der Energien innerhalb des physischen Körpers hemmen. Die wachsende Akzeptanz alternativer Methoden hat zu aufregenden Durchbrüchen bei ganzheitlichen Heilweisen geführt.

Die moderne Schulmedizin hat bereits die wunderbaren Heilkräfte des indischen Ayurveda und die Schmerzreduktion durch die chinesische Akupunktur anerkannt. Und nach und nach entdecken wir das riesige Potential der Aromatherapie. An diesen alternativen Methoden der Gesundheitsverbesserung sind immer mehr Menschen interessiert, die Methoden werden akzeptiert, weil sie ihre Wirksamkeit unter Beweis gestellt haben.

Feng Shui bereichert die alternativen Verfahren, dabei umfaßt es die ganze Skala menschlicher Zielsetzungen. Feng Shui ist nicht nur dazu gut, das Einkommen und den Erfolg im Beruf zu vergrößern. Vielmehr hat es das Potential, das Leben in jeder Hinsicht zu bereichern – von materiellem Reichtum und

Wohlstand über persönliches Wachstum und Anerkennung bis hin zum Erfolg bei jeglichem Bemühen. Feng Shui hat außerdem das Glück guter Gesundheit und eines langen Lebens, von Liebe und Beziehungen und eines zufriedenen Familienlebens zu bieten.

Es verfügt über das Potential, unsere Wünsche und Bestrebungen auf verschiedenen Ebenen zu erfüllen. Und wenn es mit der Macht des vollständig erwachten Geistes verbunden wird, dann sind dem Glück, das es in unser Leben tragen kann, keine Grenzen gesetzt.

Die beste Herangehensweise, um das große Potential des Geistes zur Verwirklichung von Träumen und Bestrebungen zu aktivieren, besteht in der Beschäftigung mit verschiedenen Feng-Shui-Methoden und im Verstehen ihres symbolischen Gehaltes. Dann setzen Sie den Geist ein, um den Feng-Shui-Verstärker in all seiner Wirksamkeit dort, wo er plaziert wurde, zu visualisieren, sich also seine Kraft und Energie bildlich vorzustellen. Visualisierung in Verbindung mit Feng Shui ist außerordentlich wirksam. Ich mache dies sehr häufig, um die Feng-Shui-Lösungen zu unterstützen, mit denen ich versuche, meinen Lebensraum so harmonisch wie möglich zu gestalten. Ich habe festgestellt, daß ich die Wirkung der Feng-Shui-Maßnahmen steigern kann, wenn ich außerdem noch starke Signale positiver Energie in mein persönliches Umfeld einbringe.

Bevor Sie jedoch Ihre Visualisierungskräfte mobilisieren können, um Ihr Feng Shui zu verbessern, ist es erforderlich, zunächst einmal seine Grundlagen zu begreifen. Versuchen Sie, so viele Feng-Shui-Lehrsätze Ihren persönlichen Umständen anzupassen, wie es nur geht. Denken Sie jedoch dabei daran, daß es fast unmöglich ist, ein Haus oder eine Wohnung in einen nach Feng-Shui-Maßstäben vollkommenen Zustand zu verwandeln. Es wird immer etwas geben, was dafür sorgt, daß das Feng Shui des Hauses weniger als vollkommen günstig ist. So wird jedes Zuhause seinen Anteil an falschen Ecken, weit oben verlaufenden Energiestrahlen, vorstehenden Kanten, unausgeglichenen Erhebungen in der Landschaft, ungünstig geformten Räumen und so fort haben. Es ist schwer zu bewerkstelligen, daß Eingangstüren immer in die optimale Richtung weisen; in vielen Häusern befindet sich das Treppenhaus der Haustür direkt gegenüber, und Schlafzimmer werden in der Regel von der Lage der Toilette ungünstig beeinflußt. In der Tat wird fast jedes Heim eine schwierige Toilette haben, die sich negativ auf den einen oder anderen Lebensbereich auswirkt.

Wenn Sie die Welt des Feng Shui betreten, werden Sie auf einmal mit Hunderten unterschiedlicher Merkmale konfrontiert, die Unglück bedeuten ... und manchmal wird es außerordentlich schwierig oder unpraktisch sein, die entsprechende Gegenmaßnahme zu erfüllen. Sie sollten sich deshalb aber keine Sorgen machen. Selbst dann, wenn Sie lesen, daß Ihr Heim genau meinem Beispiel für den ungünstigsten Grundriß entspricht, ist dies kein Grund zur Beunruhigung. Ich habe festgestellt, daß jene, die sich neu mit dem Thema beschäftigen, sich leicht Sorgen machen oder in Panik geraten. Sie stürzen dann sofort los, engagieren den ersten Feng-Shui-Spezialisten, den sie finden, und ärgern sich dann über seinen einfachen Lösungsvorschlag, den sie auch einem guten Buch hätten entnehmen können.

Nahezu jede negative Anordnung, Konstruktion oder Dekoration, die Probleme verursacht, kann korrigiert werden. Selbstverständlich werden manche Schwierigkeiten leichter zu beheben sein als andere. Genauso wie auch manche Lösungen offensichtlicher sind als andere. Doch die Feng-Shui-Praxis

läßt genug Raum für kreative Lösungen, die auf der Grundlage der Feng-Shui-Richtlinien formuliert sind.
Wenn Sie meinen, unter einem schlechten Feng Shui zu leiden, dann bedienen Sie sich einer methodischen Herangehensweise und einer sorgfältigen Diagnostik. Fassen Sie für sich all die negativen Punkte in einer Liste zusammen und befassen sich dann der Reihe nach mit ihnen. Viele unheilvollen Feng-Shui-Konstellationen sind leicht zu erkennen, und dies sollten Sie tun, noch bevor Sie in Erwägung ziehen, durch die Verstärkung Ihres Feng Shui reich zu werden. Ein einziges negatives Feng-Shui-Merkmal hat die Macht, alle sorgfältig plazierten Feng-Shui-Verstärker ihrer Wirkung zu berauben.

Feng-Shui-Bewußtsein entwickeln

Als erstes müssen Sie ein Auge für das Feng Shui entwickeln, dazu bedarf es einiger Übung. Es ist sinnvoll, sich zunächst die wichtigsten Dinge zu merken und dann in der Nachbarschaft umherzugehen, um sorgfältig die Formen von Häusern, die Winkel von Dachsilhouetten und die Anordnung der Gebäude untereinander zu studieren. Wenn Sie auf diese Weise zu üben beginnen, dann nimmt Ihr Unbewußtes eine große Menge Informationen auf, die es dann verarbeitet und einordnet.
Außerdem müssen Sie die Nuancierungen der Feng-Shui-Diagnose erlernen. Beispielsweise gibt es kein Merkmal, das *an sich* schlecht ist. Folglich sind Straßen, Gebäude und andere Strukturen nicht von vornherein ungünstig. Solche Strukturen entwickeln nur dann ein schlechtes Feng Shui für Sie, wenn sie so angeordnet sind, daß sie Sie oder Ihr Zuhause schädigen. Auf der anderen Seite können die sogenannten

günstigen Feng-Shui-Merkmale manchmal Probleme verursachen, wenn sie in einer Weise positioniert werden, die sich auf Ihr Heim ungünstig auswirkt.

Damit Sie Feng Shui für sich selbst sinnvoll anwenden können, müssen Sie lernen, das Gesamtbild zu sehen. Ich rate immer dazu, sich zunächst aus dem Hubschrauber heraus einen Überblick zu verschaffen, um die großen Zusammenhänge zu erkennen. Das bedeutet nicht, daß Sie wirklich einen Hubschrauber mieten müssen, um Ihr Haus oder Ihre Wohnanlage von oben zu betrachten. Notwendig ist lediglich ein guter, genauer Grundriß und Lageplan Ihres Wohnhauses. Meditieren Sie so lange darüber, bis Sie das Haus im Zusammenhang mit seiner Umgebung sehen können.

Wenn Sie später anfangen, fortgeschrittene Feng-Shui-Formeln anzuwenden, werden Sie feststellen, daß diese zu der Landschaft, in der Ihr Haus steht, nichts sagen. Dies kann recht verwirrend sein, aber es bedeutet nicht, daß Landschafts-Feng-Shui im Zusammenhang mit einer Wohnung oder einem Haus keine Rolle spielt. Vielmehr müssen Sie wissen, daß ein Haus, das allen Richtlinien des Feng Shui gerecht wird, seiner ganzen positiven Energien durch ein einziges schlechtes Feng-Shui-Merkmal in der umgebenden Landschaft beraubt werden kann. Um es in der Sprache des Feng Shui auszudrücken: Ein einziger Giftpfeil kann sogar das ideale Feng-Shui-Haus zerstören.

Um des Gleichgewichts willen werden Sie also immer entscheiden müssen, auf welches Merkmal Sie aufbauen und welcher Feng-Shui-Schule Sie folgen wollen. Da sich in den vergangenen Jahren immer mehr Methoden verbreitet haben, ist dies ein Thema, mit dem Sie sich beschäftigen müssen.

Meiner Meinung nach erfährt man am ehesten etwas über die Authentizität eines Feng-Shui-Praktikers, indem man überprüft, vor welchem Hintergrund der Betreffende seine Feng-Shui-Dienste anbietet. Stellen Sie einige diskrete Nachforschungen an. Finden Sie heraus, ob Feng Shui dieser Person dabei geholfen hat, all die Dinge für sich zu erreichen, die sie nun Ihnen verspricht. Falls sie nicht von einem guten Feng Shui zu profitieren scheint, dann sollten Sie sich besser einen anderen Berater suchen. Feng Shui funktioniert immer, wenn es richtig zur Anwendung gebracht wird. Feng Shui ist keine spirituelle Praxis, die von irgendwelchen magischen Kräften oder von der Größe Ihres Hauses abhängig ist.

Gute Feng-Shui-Standorte

Das klassische Feng Shui spricht vom grünen Drachen und vom weißen Tiger, zwei der vier himmlischen Tiere, die Bestandteil der Landschaftssymbolik sind, mit deren Hilfe Praktiker die Grundstücke ausfindig machen, die Glück versprechen. In der Sprache des Feng Shui verkörpert der Drache Landschaftserhebungen wie Hügelketten, die sanfte Wellenlinien bilden. Der weiße Tiger des Westens produziert schützende Energien, die die Anwesenheit des grünen Drachen fördern. Den Feng-Shui-Meistern zufolge hält sich dort, wo der Drache zu finden ist, auch der Tiger auf. Folglich ist es nicht erforderlich, den Tiger eigens zu aktivieren.

Die Anwesenheit von Drache und Tiger wird festgestellt, indem man Hügel- und Bergformationen sorgfältig überprüft. Die Kurven von Landschaftserhebungen, der Grünton der Vegetation, die Farbe der Erde und die Konturen der Umgebung – all dies liefert Hinweise auf den Standort der Drachenhöhle. Flache Ebenen ohne jegliches Gefälle oder Orte, an

denen die Vegetation tot oder vertrocknet erscheint, bieten dem Feng-Shui-Drachen für gewöhnlich keine Heimat.
Drachen sind nicht leicht zu lokalisieren, da sie verborgen und still zwischen geschwungenen Hügeln ruhen, und die Formation solcher Hügel bietet selten einen klaren Hinweis auf die Anwesenheit dieser himmlischen Kreatur. Außerdem befinden sich unterschiedliche Hügelformen oft in unmittelbarer Nachbarschaft voneinander, was die Suche noch zusätzlich erschwert. Erfahrene Feng-Shui-Meister kennen jedoch entscheidende Hinweise, denen man folgen kann. Sie raten dem Amateur, nach abgeschiedenen Winkeln zu suchen, in denen die Vegetation üppig ist, ein sanfter Wind weht und die Luft gut riecht. Es sollte dort auch einen Hinweis auf Schatten und Licht geben, die gemeinsam das Gleichgewicht von Yin und Yang symbolisieren.
Drachen leben nicht auf Hügelspitzen, wo es wenig Schutz gegen die Elemente gibt. Solche Standorte sollten vermieden werden. Drachen sind auch nicht anzutreffen an Orten, die von einem überhängenden Grat und von hervorstehenden Felsnasen bedroht scheinen, die bösartige und feindliche Vibrationen erzeugen. Auch solche Standorte sind nicht zu empfehlen.
Dort, wo die Luft muffig und feucht und der Boden steinig und hart ist, wird ebenfalls kaum ein gesunder lebenspendender Hauch anzutreffen sein. Solche Orte stehen nicht für gutes Feng Shui. Sie sind kein geeigneter Lebensraum für den Drachen.
Feng-Shui-Meister raten statt dessen dazu, daß Sie nach Landstrichen suchen, in denen saftiges grünes Gras oder üppige Vegetation vorherrscht; wo die Erde fruchtbar und die Luft angenehm ist und süß duftet. Diese Merkmale sind Hinweise auf die Existenz des unerläßlichen lebenspendenden Atems.

An solchen Hängen könnte sich der flüchtige grüne Feng-Shui-Drache in enger Umarmung mit dem weißen Tiger sehr wohl verbergen.
Für gewöhnlich befinden sich die Drachenhügel im Osten (oder auf der linken Seite des Grundstücks) und die Tigerhügel im Westen oder auf der rechten Seite. Die Drachenhügel sind außerdem meist etwas höher als die Tigerhügel. Den Beschreibungen in den alten Handschriften zufolge ist der kosmische Atem dort am stärksten, wo der grüne Drache sich mit dem weißen Tiger zu vereinigen scheint. Wo diese beiden Kreaturen sich in einer innigen Umarmung begegnen, da ist der Ort, an dem Sie Ihr Haus errichten sollten, denn dort gibt der Drache am meisten kosmischen Atem ab, den die Chinesen als Sheng Qi bezeichnen: der Hauch, der Harmonie, Wohlstand, Gesundheit und ein langes Leben mit sich bringt.
In der Praxis befindet sich die günstigste Konfiguration dort, wo die beiden Hügelketten einen Halbkreis in der Form eines Hufeisens oder Lehnstuhls bilden. Wenn Sie eine solche Formation sehen und die Vegetation in diesem Bereich zudem noch üppig und gesund erscheint, dann sind Sie auf der richtigen Spur. Solche Plätze sind äußerst günstige Standorte. Falls sich davor noch ein sauberer und langsam fließender Fluß oder Bach befindet, dann kann man sogar auf ein noch hervorragenderes Feng-Shui-Glück schließen. Wer sein Haus auf einem solchen Grundstück errichtet, dem winkt ein Leben reich an materiellem, physischem und spirituellem Gewinn.
Um diese Art der Hügelkonfiguration, die einem Hufeisen gleicht, zu vervollständigen, sind auch noch die Hügel der schwarzen Schildkröte hinter dem Haus und der kleine Hügel des roten Phönix, der einen Schemel symbolisiert, auf dem die müden Bewohner ihre Beine ausruhen können, erforderlich. Diese vier Tiere – der Drache, der Tiger, die Schildkröte und

der Phönix – werden zusammen als die vier himmlischen Tiere des chinesischen Tierkreises betrachtet.
Im wirklichen Leben sind solche optimalen Feng-Shui-Grundstücke natürlich schwer zu finden oder zu erwerben. In den alten Tagen, als wohlhabende Mandarine ihre Familiengüter auf großen Gebieten vor Hügelketten errichteten, wurde die Symbolik des grünen Drachen und weißen Tigers als äußerst wichtig betrachtet. Doch vor dem Hintergrund einer modernen Lebensweise, die Menschen veranlaßt, sich eher in Städten als auf Hügeln niederzulassen, kann man diesen Richtlinien nur sehr schwer folgen.

Landschaftsformationen

Feng-Shui-Meister raten dazu, daß das Land im Osten Ihres Hauses immer ein wenig höher liegen sollte als jenes im Westen; hinter dem Haus sollten sich Erhebungen befinden, die als Rückenstärkung dienen. Vor dem Haus sollte eine flache leere Ebene sein, in der gutes Qi zur Ruhe kommen und sich sammeln kann.
Diese Richtlinien entsprechen der Hufeisenformation und gestatten es den Hausbewohnern, harmonisch mit ihrer Umwelt zu leben und von dem Qi zu profitieren, das sich dann vor dem Haus sammeln kann. Wo die Rückenstärkung fehlt, da kann es ausreichen und zusätzlich förderlich sein, eine Reihe starker Bäume zu pflanzen. Und jene, die das wohlstandverheißende Qi von Flüssen und Bächen anzapfen wollen, können vor dem Haus einen künstlichen Wasserweg anlegen.

Es ist teilweise auf dieses praktische Problem zurückzuführen, daß moderne Feng-Shui-Meister sich veranlaßt sahen, die Prinzipien des Landschafts-Feng-Shui den Gegebenheiten anzupassen. Folglich werden in Hongkong die Hochhäuser mit Drachen und Tigern gleichgesetzt und die Straßen mit den Wasserwegen der alten Zeit. So berücksichtigen heutige Interpretationen alter Feng-Shui-Klassiker moderne Sichtweisen und Lebensumstände.

Die vielversprechende Formation aus grünem Drachen und weißem Tiger kann auch künstlich geschaffen werden und in der Erzeugung eines vorteilhaften Qi-Flusses ebenso wirksam sein. Betrachtet man solche Möglichkeiten, erweist sich Feng Shui als besonders aufregend.

Giftpfeile und der tödliche Hauch

Feng Shui warnt auch vor Shar Qi, dem »tödlichen Hauch«. Er bringt Mißgeschick und reichlich Unglück und entsteht durch das Vorhandensein unsichtbarer »Giftpfeile«. Diese werden erzeugt durch spitzwinkelige und scharfe Objekte, die sich direkt auf ein Haus und insbesondere auf seine Eingangstür richten. Beispiele für Giftpfeile sind gerade Straßen, Flüsse oder Bahnschienen, die unmittelbar auf die Eingangstür zuführen. Oder sie könnten durch die dreieckigen Dachflächen von Nachbarhäusern oder von spitz zulaufenden Hochhäusern »abgeschossen« werden. Solche Giftpfeile sind äußerst wirksam und dazu in der Lage, größtes Unglück in Form von schlechter Gesundheit, Krankheit und sogar Tod zu manifestieren.

Weitere Beispiele für Giftpfeile, die einen Haushalt ungünstig beeinflussen können, sind große Bäume, Telefon- oder Strommasten, die sich direkt vor dem Haupteingang erheben. Die

schädliche Wirkung all dieser Giftpfeile muß abgelenkt, aufgelöst oder verwischt werden. Es gibt mehrere Methoden, um dies zu erreichen, und sie haben alle etwas damit zu tun, daß das Shar Qi vom Haus fortgeleitet oder blockiert wird. So kann beispielsweise der Haupteingang verlegt werden, es können Bäume gepflanzt oder Mauern errichtet werden, um Giftpfeilen entgegenzuwirken.
Selbst wenn Sie nicht allzuviel über Feng Shui wissen, gehen Sie allein schon dadurch, daß Sie sich die üble Wirkung von Giftpfeilen bewußtmachen und sie willentlich vermeiden, den Gefahren eines schlechten Feng Shui aus dem Weg.
Es ist durchaus sinnvoll, im Feng Shui als erstes das Erkennen von Giftpfeilen zu erlernen. Es gibt viele verschiedene Möglichkeiten, dies zu tun, aber am besten ist es, wenn man sich einfach darin übt, sehr, sehr aufmerksam zu sein. Nehmen Sie Ihre Umgebung bewußt wahr. Entwickeln Sie ein Bewußtsein für die verschiedenen Gebäude und Straßen, die Sie jeden Tag auf Ihrem Weg zur Arbeit sehen. Achten Sie auf die Winkel und spitz zulaufenden Linien, die durch die Kanten von Gebäuden verursacht werden, und schätzen Sie ab, ob sie genau auf den Eingang anderer Gebäude, Geschäfte oder Häuser zulaufen. Spüren Sie die überwältigende Energie sehr hoher oder massiver Gebäude.
Überprüfen Sie Ihre Nachbarschaft, und stimmen Sie sich auf die unterschiedlichen Energiearten ein, die von den einzelnen Häusern, die Sie sehen, abgegeben werden. Nach einer gewissen Zeit werden Sie feststellen, daß einige Gebäude wohlhabender und glücklicher aussehen als andere. Versuchen Sie, an jedem Haus die guten und die schlechten Feng-Shui-Merkmale zu identifizieren. Wenn Sie sich darin üben, auf Giftpfeile zu achten, und wenn Sie richtig gut darin werden, Strukturen zu identifizieren, die negative und schädliche

Energien aussenden, dann beherrschen Sie einen ganz entscheidenden Teil der Feng-Shui-Praxis.
Bei Ihrer gedanklichen Analyse sollten Sie sehr exakt und präzise sein. Gestatten Sie es Ihrem Verstand nicht, in alle Richtungen gleichzeitig loszulegen. Es ist nicht erforderlich, vor allen kantigen, spitzen und dreieckigen Strukturen Angst zu haben, auch wenn es sich bei diesen tatsächlich um die schädlichsten handelt. Statt dessen sollten Sie Giftpfeile aus einer entspannten Haltung heraus identifizieren und dann überprüfen, ob sie sich auf Ihr Haus richten und es schädigen. Trifft dies zu, dann machen Sie sich Ihre Kreativität zunutze und überlegen, wie Sie diese zielgerichtete Energie am besten von Ihrer Haustür ablenken könnten. Im Umgang mit Giftpfeilen gibt es immer eine Lösung.
Sollten Sie und Ihr Haus vor ein besonders schwieriges Feng-Shui-Problem gestellt sein, dann ist es am besten, darüber nachzudenken, wie Sie die negative Struktur aus Ihrem Blickfeld verbannen können. Das ist der Grund, warum Feng-Shui-Praktiker mit so großer Begeisterung Spiegel einsetzen. Das schlechte Feng Shui mit einem Spiegel dorthin zurückzuschicken, woher es kommt, ist ein sehr praktisches Mittel. Doch vielleicht wollen Sie das Haus gegenüber nicht dem Fluß schlechter Energie aussetzen. Auch in einem solchen Fall gibt es immer akzeptable Alternativlösungen. Wenn beispielsweise eine gerade Straße direkt auf Ihre Eingangstür zuführt, dann können Sie entweder Ihre Eingangstür an eine andere Stelle verlagern oder aber Bäume pflanzen beziehungsweise eine Mauer errichten, um die Straße zu verdecken.

Die fünf Elemente

Vielleicht die beste Voraussetzung für den Gebrauch von Feng Shui ist es, aufrichtige Ehrfurcht vor den Energien der Erde und vor Mutter Erde an sich zu entwickeln. Feng Shui ist das Erdenglück, und wenn wir Feng Shui nutzen, dann zapfen wir in Wahrheit die positiven Energien der Erde an. Der Mensch kann auf diese Energien Einfluß nehmen, so daß sie günstiger fließen und Glück statt Unglück herbeiführen. Doch ist dies nur dann möglich, wenn wir die Bedeutung von Harmonie und Gleichgewicht begreifen.

Die Harmonie der Erdenergie hat etwas mit der Wechselwirkung zwischen der Erde und den anderen Elementen, aus denen das Universum besteht, zu tun. Erde ist eines dieser fünf Elemente. Die übrigen Elemente, die fortwährend auf die Erde und aufeinander einwirken, sind Wasser, Feuer, Metall und Holz. Feng Shui zufolge ist jedes Objekt, jeder Umstand, jede Himmelsrichtung, jede Jahreszeit, einfach alles mit einem dieser fünf Elemente – Feuer, Erde, Metall, Wasser und Holz – verbunden. Jedes Element für sich genommen ist weder gut noch schlecht. Jedes Element verfügt außerdem über eine positive Ausdrucksform und einen negativen Zustand, so wie auch jedes Element einen Yin- und einen Yang-Zustand kennt.

Jedes dieser Elemente steht in einer besonderen Beziehung zur Erde und zu den übrigen Elementen, und die Kenntnis vom Zyklus der fünf Elemente ist von zentraler Bedeutung für die Praxis des Feng Shui. In der traditionellen Theorie der fünf Elemente gibt es sowohl einen Hervorbringungszyklus wie einen Zerstörungszyklus. Anhand dieser Zyklen kann man eine hilfreiche Anfangsanalyse erstellen, um zu sehen, ob die Energien, die einen Raum erfüllen, harmonisch sind oder nicht. Eine ausführlichere Erörterung der Art, wie die fünf Elemente angewendet werden können, um zu Hause Harmonie zu bewirken, befindet sich auf den Seiten 59–64 und 199–203.

Wasser, Feuer, Metall und Holz – ihre Wechselwirkung mit der Erde

Wasser hat das Potential, die Erde zu überfluten und zu überwältigen, so wie auch die Erde Wasser bezwingen kann. Ja, wenn überhaupt irgend etwas Wasser zerstören kann, dann ist es die Erde. Doch Wasser vermag Erde auch zu bereichern, so daß beide zusammen das richtige Umfeld ergeben, in dem Bäume und andere Pflanzen wachsen. Wasser und Erde gemeinsam ermöglichen reiches Wachstum und schaffen für das Element Holz ideale Bedingungen.

Vom Feuer heißt es, daß es das einzige Element ist, das Erde zu erschaffen und hervorzubringen vermag. Feuer kann für sich alleine nicht existieren und auch nicht aufbewahrt werden. Es muß erzeugt werden. Doch andererseits versorgt Feuer die Erde auch mit Wärme und ist während der Wintermonate für sie eine willkommene Ergänzung.

Das Element Metall befindet sich im Inneren der Erde. Somit stellt Erde Metall her. Dies ist die verborgene Fülle der Erde – sie besitzt das Potential, Gold zu produzieren, welches natürlich Reichtum und große Fülle symbolisiert. Tatsächlich verwendet die chinesische Sprache für Metall und Gold ein und dasselbe Wort: Kum. Doch ist Metall kalt und unnachgiebig. In Metall ist kein Leben. Es ist das einzige Element, das keine Bewegung und kein Leben beinhaltet.

Holz ist das einzige Element, welches von sich aus lebendig ist, es stellt das Symbol für pflanzliches Leben dar. Es ist von der Erde abhängig, die ihm Nahrung und ein Zuhause bietet; Pflanzen und Bäume wachsen in der Erde. Das Element Holz ist das einzige, das von allen übrigen Elementen profitiert: Es nutzt die durch die Erde bereitgestellte Nahrung, das Wasser und Metall für sein Wachstum, und es braucht das Element Feuer, um erblühen zu können. Denn das Feuer der Sonne sorgt dafür, daß Pflanzen Früchte und Blüten hervorbringen, die geerntet werden können.

Der Hervorbringungszyklus

Im produktiven Zyklus produziert Wasser Holz, das Feuer produziert, das Erde produziert, die Metall produziert, das Wasser produziert. In dieser Abfolge, in der ein Element das nächste hervorbringt, werden die Elemente für vereinbar und daher für harmonisch gehalten. Wenn Sie diese Logik der Gestaltung eines Zimmers zugrunde legten, dann würden Sie bei der Farbgebung einen Ton wählen, der Holz suggeriert (Grün oder Braun). Eine Komplementärfarbe, die Holz verstärkt, wäre Blau oder Schwarz, da dies die Farben von Wasser sind. Dieses einfache Beispiel zeigt, daß es kein Element gibt, das an sich Unglück oder Glück bringt. Es ist die Art und Weise, wie die einzelnen Elemente in einem bestimmten Raum miteinander in Wechselwirkung treten, die über Glück oder Unglück entscheidet.

Unter bestimmten Umständen kann die Anwesenheit aller fünf Elemente ausgezeichnetes Feng Shui sein, da dies die Fülle des Ganzen nahelegt. Folglich ist in bestimmten Bereichen des Hauses, die mit den Himmelsrichtungen übereinstimmen, welche mit den Elementen Erde oder Holz verbunden sind, die Gegenwart aller fünf Elemente vielversprechend.

Die Bereiche des Hauses, die mit dem Element Erde korrespondieren, sind die südwestliche Ecke, die nordöstliche Ecke und die Mitte. Sind in diesen Bereichen alle fünf Elemente gleichermaßen vorhanden, dann sagt man, daß die Erdenergien dort ihre größte Wirksamkeit entfalten.
Die Himmelsrichtungen, die mit dem Element Holz korrespondieren, sind der Osten und der Südosten. Das Element Holz steht für Wachstum, und wenn alle fünf Elemente zugleich vorhanden sind, dann wächst Holz am besten und schnellsten. Ein gutes Holzwachstum schafft Fülle. Eine Anordnung, die dafür sorgt, daß im Osten und Südosten alle Elemente vorhanden sind, ist daher günstig.

Der Zerstörungszyklus

Im destruktiven Zyklus der Elemente zerstört Feuer Metall, das Holz zerstört, das Erde zerstört, das Wasser zerstört, das Feuer zerstört.
In dieser Abfolge, in der ein Element das nächste zerstört, sind die Elemente unvereinbar. Wenn Sie also Ihr Wohnzimmer in den Farben Rot und Blau dekorieren, dann kollidieren die Elemente miteinander, weil Wasser Feuer zerstört. Die Auswirkungen werden noch schlimmer, wenn in einem Raum sehr viel Blau vorhanden ist, das mit der Südecke des Hauses korrespondiert, da Süden und das Element Feuer zusammengehören. Von einer blauen Farbgebung im Süden heißt es, daß sie die günstige Energie des Feuers auslöscht.
Ein weiteres Beispiel ist die Dekoration eines Zimmers, das dem Element Metall angehört, mit Rot. Dabei geht es um die Räume, die sich im Westen oder Nordwesten des Hauses befinden. Rot symbolisiert Feuer, das Metall zerstört. Eine rote

Farbgebung der Metallecken Ihres Hauses wird das Glück in jenen Räumen abtöten.

Ein Großteil von Feng Shui basiert auf der Elementeanalyse, und es ist daher sehr wichtig, zu verstehen, wie die Elemente miteinander in Wechselwirkung stehen. Im Fernen Osten machen sich vor allem die Feng-Shui-Meister, die die Elementeanalyse perfekt beherrschen, als ausgezeichnete Spezialisten einen Namen. Denn sie beherrschen die Elementeanalyse in all ihren Nuancen und in ihrer ganzen Tiefe.

So trifft es zwar zu, daß Feuer Metall zerstört, doch kann man auch sagen, daß Metall nur unter Zuhilfenahme von Feuer in wirklich bedeutsame Objekte verwandelt werden kann. Ohne Feuer könnte Metall unmöglich zu wertvollen Schmuckstükken verarbeitet werden. Ebenso verursacht Wasser zwar das Wachstum von Holz, doch wenn zu viel Wasser vorhanden ist, dann beginnt Holz zu verfaulen und stirbt.

Und wenn Sie dann noch ein wenig tiefer über die Beziehung von Metall und Holz nachdenken – zwei unvereinbare Elemente –, dann werden Sie feststellen, daß zwar großes Metall großes Holz zerstört, daß aber kleines Metall großes Holz fördert. Wie das? Weil großes Holz mit Geräten und Werkzeugen aus kleinem Metall zu Möbeln verarbeitet wird.

Bei einem anderen Beispiel unvereinbarer Elemente, beim Wasser und Feuer, sehen wir, daß zwar Wasser Feuer löscht, daß aber auch eine Situation denkbar ist, in der Feuer Wasser in Dampf verwandelt – ein Vorgang, der Macht symbolisiert. Dampf ist tatsächlich eine machtvolle Kraft, und diese Tatsache kann man sich zunutze machen.

Die praktische Anwendung der Elementeanalyse ist also komplexer, als es zunächst scheint. Für den Anfänger jedoch sollte die Kenntnis der beiden Elementezyklen und der Einblick in das Zusammenspiel der Elemente zunächst ausreichen.

Das Qi – den kosmischen Atem – verstehen

Entscheidend für das Verständnis von Feng Shui ist die Vorstellung vom »kosmischen Atem des himmlischen Drachen«. Wenn sich die Energien eines beliebigen Raums in Harmonie befinden, dann wird der kosmische Atem dieses Raums als günstig empfunden. Dieser Atem wird als das »Qi« dieser Umgebung bezeichnet. Das Qi kann vorteilhaft oder schädlich sein. Der vorteilhafte Atem wird als »Sheng Qi«, der tödliche Hauch als »Shar Qi« bezeichnet.

Das Qi selbst ist die Lebenskraft oder -energie, welche die Existenz des Menschen durchdringt. Es entsteht, wenn ein Mönch meditiert und dabei richtig atmet; oder wenn ein Kung-Fu-Meister einen genau plazierten Schlag führt; oder wenn ein Meisterkalligraph einen einzigartig künstlerischen Pinselstrich ausführt. Qi wird außerdem in der Natur durch einen sich ruhig dahinschlängelnden Fluß erzeugt; durch die Form eines Berges oder durch die Symmetrie von Landstrichen in einem größeren Umfeld.

Orte, die sich eines guten Feng Shui erfreuen, werden oft als Plätze bezeichnet, an denen der vorteilhafte kosmische Atem – das Sheng Qi – in großer Fülle vorhanden ist. Diese unsichtbare Gegenwart des kosmischen Atems soll wiederum jedem, der in unmittelbarer Umgebung dieses Atems wohnt, materielle Fülle bringen. In der alten Zeit, als die Sprache des Feng Shui aus zahlreichen Metaphern bestand, nahm man Bezug auf die himmlischen Tiere – insbesondere auf den grünen Drachen des Ostens und den weißen Tiger des Westens –, um solche Orte mit einem guten Feng Shui zu beschreiben. Drachen und Tiger bezogen sich auf Hügelketten und Bergzüge, die der Landschaft ihren Stempel aufdrückten. Außerdem zog man aus der Vegetation und der Anwesenheit von Wasser Rückschlüsse auf die Menge des über dem Ort schwebenden vorteilhaften Qi.

Das kosmische Qi des grünen Drachen ist sein Atem, und dort, wo er sich aufhält, entsteht und sammelt sich dieser wertvolle Atem, der dann angezapft werden kann. Das kosmische Qi ist die Quelle von Frieden und Wohlstand, ungeheurem Reichtum, Ehre und großem Glück. In Gegenden, in denen Qi existiert und sich ansammelt, profitieren die dort Lebenden durch mehrere Generationen hindurch davon. Unternehmen, die an Orten mit einem guten Qi-Fluß angesiedelt sind, expandieren.

Es darf niemals zugelassen werden, daß Qi zerläuft oder fortgeblasen wird. Wenn dies geschieht, dann kann es kein Glück geben. In Gegenden, in denen ein starker Wind bläst, wird Qi fortgeblasen und aufgelöst. In der Regel überläßt sich das Qi dem Wind und zerstreut sich. Sehr windige Grundstücke sind demnach ungünstig. Wenn das Qi jedoch durch Wasser gebunden wird, dann kommt es zum Stillstand und sammelt sich. Daher werden Grundstücke mit Wasser in der Regel als vielversprechend angesehen.

Selbstverständlich wirkt sich die Wasserqualität auch auf die Güte des entstehenden Qi aus. Schnell fließende, begradigte Flüsse transportieren das Qi ab, sobald es entstanden ist. Und von verschmutzten Flüssen kann man wohl kaum die Erzeugung des nützlichen Atems erwarten. Zugleich darf es jedoch auch nicht geschehen, daß Qi stagniert oder abgestanden wird oder sich erschöpft. Auch dies hätte zur Folge, daß sich Glück auflöst.

Gutes Feng Shui ist also davon abhängig, wieviel Qi vorhanden ist und ob es eine Quelle gibt, die für Nachschub sorgt. An Orten, an denen es sich auf gleichbleibende Weise anreichert,

ist das Feng Shui vielversprechend. In Landstrichen, in denen Qi stagniert, abgestanden ist oder sich verflüchtigt, kann das Feng Shui nicht gut sein. Ideal ist es, wenn sich Ihr Haus in der Nähe einer guten und stetigen Qi-Quelle befindet oder Zugang zu einer solchen hat. Sollte die natürliche Landschaft nicht ausreichend Qi bereitstellen können, dann haben Sie die Möglichkeit, auf künstliche Weise die Art Umgebung herzustellen, die große Mengen Qi produziert. Künstlich angelegte Teiche und Hügel funktionieren ebensogut wie die Natur, wenn sie dabei guten Feng-Shui-Richtlinien folgen.
Es ist die Essenz guten Feng Shuis, den kosmischen Atem, der durch eine beliebige Landschaft fließt, einzufangen und eine Umgebung zu schaffen, die es möglich macht, daß Qi sich sammelt, ohne dabei jedoch zu stagnieren. Wo der Atem des Drachen aufgefangen oder wo für ununterbrochenen Nachschub gesorgt werden kann, dort wird auch – daran besteht kein Zweifel – Reichtum, Wohlstand und Fülle zu Hause sein. Feng Shui verfügt über die Richtlinien und Methoden, um sich den Atem des Drachen zunutze zu machen.

Glück und Reichtum mit Feng Shui

»Erfolgreiches Feng Shui erfordert eine mehrdimensionale Herangehensweise. Es gibt viele Variationen, von der Beschaffenheit des Geländes bis hin zur Ausrichtung von Flüssen, Bergen und Tälern.
Bewahre dir deine Harmonie mit der Umwelt, und laß dich von den Winden und Wassern führen.«

Um Feng Shui erfolgreich anzuwenden, sollten Sie sich nicht auf eine eindimensionale Herangehensweise beschränken. Feng Shui ist eine Sammlung profunder Techniken, die dem Praktiker eine große Bandbreite an Möglichkeiten bietet. Die Wissenschaft des Feng Shui hat sich in über dreitausend Jahren entwickelt. Im Verlauf seiner Reise durch die kaiserlichen Dynastien Chinas, durch die Jahrhunderte bis zum modernen Zeitalter haben die Meister die Richtlinien des Feng Shui verfeinert und erweitert, um sie den sich verändernden Situationen der jeweiligen Zeit anzupassen.

In diesem Jahrhundert hat eine Vielzahl geheimer Feng-Shui-Formeln China verlassen und ist mit den chinesischen Immigranten unter anderem nach Hongkong und Taiwan gelangt. In fremden Ländern entwickelten die Feng-Shui-Meister neue Richtlinien, um die Gegebenheiten der Städte einzubeziehen, und experimentierten mit unterschiedlichen Interpretationen der alten Formeln. Sie entdeckten verschiedene Wege, die zum gleichen Ziel führten, und weil sich die räumliche Situation in so unendlich vielen Variationen ausdrückte, kam es vor, daß, was in dem einen Umfeld funktionierte, in einem anderen noch mehr oder auch weniger bewirkte.

Das Feng Shui, welches die Chinesen in Taiwan praktizieren, unterscheidet sich zum Beispiel von jenem der Hongkongchinesen. Solche Unterschiede sind meist Ausdruck der abweichenden Dialektinterpretationen der alten Texte. Doch sie können genausogut auf die besondere Spezialisierung der Meister, die in diese beiden Landstriche geflohen waren und ihre eigenen Formeln mitbrachten, zurückzuführen sein.

Außerdem treten die Formen, Anlagen und Ausrichtungen von Wohnhäusern überall in unendlich vielen Variationen auf. Jeder Bauherr wird feststellen, daß es unmöglich ist, alle Feng-Shui-Empfehlungen auch nur eines einzigen Buches zu beherzigen oder den Bau auf der Basis einer einzigen Methode zu verwirklichen. So wie die Häuser heute gebaut werden, ist es außerdem nicht immer möglich, mit Feng-Shui-Problemen auf angemessene Weise fertig zu werden. Moderne Stadtwohnungen haben keine Ähnlichkeit mehr mit den Häusern früherer Zeiten, für die die alten Richtlinien ursprünglich formuliert wurden.

Feng-Shui-Meister aus China, die nach Taiwan oder Hongkong ausgewandert sind, haben moderne Interpretationen der alten Formeln erdacht. Abhängig davon, bei oder nach welchem Meister Sie lernen, werden Sie feststellen, daß Sie zu einer Formel mehr tendieren als zu einer anderen. So gibt es unterschiedliche Herangehensweisen, um mit unheilvollen Feng-Shui-Konstellationen umzugehen, und Sie sollten möglichst viel von diesen verschiedenen Verfahrensweisen wissen. Dementsprechend gibt es auch mehrere Methoden, um einen Ort im Hinblick auf die Schaffung von Reichtum und Fülle energetisch aufzuladen.

Überlegen Sie sich gut, von wem Sie Ihr Feng Shui lernen möchten. Am besten können Sie einen Meister beurteilen, wenn Sie die Umstände betrachten, in denen er lebt. Ich habe

es nie für richtig erachtet, von Meistern Feng Shui zu erlernen, die selbst in materieller und spiritueller Armut leben. Wie sollen sie Ihnen ein Vorankommen ermöglichen, wenn sie sich nicht einmal selbst helfen können?
Als ich nach Feng-Shui-Techniken suchte, da habe ich mich mit den Meistern beschäftigt, die offensichtlich von ihrer Kunst profitierten. Ich habe außerdem immer sehr viel Wert darauf gelegt, die Gründe zu erfahren, die hinter bestimmten Empfehlungen stehen. Ich möchte es nachvollziehen können, warum ich in meinem Umfeld etwas ändern sollte. Ich rate Ihnen zu der gleichen Herangehensweise. Erst wenn Sie ganz überzeugt sind, können Sie Feng-Shui-Veränderungen unvoreingenommen vornehmen und positive Ergebnisse erwarten.
Die Praxis des Feng Shui verlangt Kreativität und Einfallsreichtum. Indem Sie die Gründe begreifen, die sich hinter Feng-Shui-Empfehlungen verbergen, werden Sie fähig sein, verschiedene alternative Lösungen zu entwickeln, die Ihren persönlichen Umständen am besten gerecht werden. Mehr als alles andere ist es dies, was mich ursprünglich dazu veranlaßte, mich selbst mit Feng Shui zu beschäftigen. Mir war klar, daß mein Leben und mein Erfolg mir mehr bedeuteten als irgendeinem fremden Feng-Shui-Meister. Ich bin bei der praktischen Durchführung sorgsamer und umsichtiger. Sie sollten es ebenso halten.
Ich stellte fest, daß die Verwendung von Feng-Shui-Formeln meine Möglichkeiten erheblich erweiterte. Verschiedene Formeln und Techniken zu kennen ermöglicht eine gründlichere und umfassendere Vorgehensweise. Die Formeln können dann mit den Praktiken des Landschafts- oder formalen Feng Shui kombiniert werden.

Feng-Shui-Formeln

Die Formeln des Feng Shui ergänzen das Konzept vom guten kosmischen Atem um eine wichtige Dimension. Zum Beispiel verfügt die »Kompaßschule des Feng Shui« über zusätzliche Methoden, mit denen Personen, nachdem sie ein Grundstück mit gutem Feng Shui gefunden haben, auf Ausrichtung und Gestalt ihres Hauses Einfluß nehmen können. Die Anwendung solcher Kompaßformeln gibt Ihnen also die Möglichkeit, Ihr persönliches Qi und das Qi der Umgebung aufeinander abzustimmen. Mit diesem Ziel, die persönlichen Energien mit jenen des Umfelds zu synchronisieren, kommt die Praxis des Feng Shui der Ausrichtung des kosmischen Atems noch näher.

Die Kompaßschule des Feng Shui – auch »formales Feng Shui« genannt – verfügt über eine besonders wirksame Formel, denn es ist eine genau festgelegte Vorgehensweise zur Durchführung bestimmter Feng-Shui-Ausrichtungen. Ihre Anwendung ist leicht, da sie jegliche Subjektivität aus dem Prozeß heraushält.

Zum Beispiel trifft die Kompaßschule des Feng Shui Aussagen darüber, welche Ausrichtung der Eingangstür für eine bestimmte Person am günstigsten ist. Außerdem gibt sie genaue Anweisungen für die Ausrichtung des Kopfes beim Schlafen und für die Sitzposition beim Arbeiten. Richtet man sich danach, wird der kosmische Atem des Ortes auf eine Weise angezapft, die den Bedürfnissen der betreffenden Person optimal entspricht.

Eine zweite Formel, die im Rahmen der Feng-Shui-Praxis angewandt werden kann, ist die »Formel des fliegenden Sterns«. Sie stellt ein ausgezeichnetes Mittel dar, um die Bedeutung der Verbindung aus zeitlicher Dimension und kosmischem

Die Kräfte von Wind und Wasser

Die verschiedenen Feng-Shui-Schulen können Verwirrung verursachen, vor allem wenn Anfängerr die unterschiedlichen Interpretationen der Anwendungen zusammenführen. Die Empfehlungen scheinen dann oft widersprüchlich zu sein. Dies ist insbesondere dann der Fall, wenn die Herangehensweise zu stark vereinfacht ist. Meiner Erfahrung nach ist es jedoch nicht schwer, all die unterschiedlichen Feng-Shui-Schulen in die Gestaltung des eigenen Lebensraums einzubringen, wenn man sich nur einen Überblick über die Grundlagen bewahrt.

Denken Sie daran, daß Feng Shui sich auf die wesenhafte Macht gründet, die Wind und Wasser über die physische Umgebung haben. Die Qualität und Eigenschaften dieser beiden Kräfte werden beeinflußt von der Interaktion zwischen den fünf Elementen, von der Richtung, in die sie fließen, und vor allem von den typischen Energien, die das Wesen von Wind und Wasser ausmachen.

Wind und Wasser verfügen sowohl über einen Yin- als auch über einen Yang-Aspekt, und so hat alles, was diese beiden Kräfte verursachen, ebenfalls einen Yin- und einen Yang-Aspekt. Folglich nimmt die Art, wie Yin und Yang aufeinander einwirken, Einfluß darauf, ob die Energien, die einen Raum durchfluten, günstig sind oder nicht.

Wenn Sie sich also Feng-Shui-Prinzipien und -Formeln zunutze machen, dann müssen Sie immer die Analyse der fünf Elemente und den Test der Yin-Yang-Kosmologie anwenden. Durch die Elementeanalyse wird sichergestellt, daß Ihre Umgebung harmonisch ist, während der Yin-Yang-Test dafür sorgt, daß sich die Kräfte, die den Weg des Universums zum

Ausdruck bringen, im Gleichgewicht befinden. Beide gemeinsam sorgen dafür, daß das Bedürfnis des Lebensraumes nach Harmonie und Gleichgewicht erfüllt wird.

Das Yin-Yang-Symbol

Yang ist weiß und hell, Tageslicht, Wärme und Aktivität, Sonnenschein, Sommer und das Leben selbst. Der Yin-Punkt im Yang ist das, was die Existenz des Yang ermöglicht.
Yin ist schwarz, Dunkelheit, die Nacht, Winter, Kälte, Tod und Stille. Yin-Aspekte müssen immer gegenwärtig sein, doch sollten sie das Haus lebendiger Menschen niemals dominieren. Zuviel Yin-Energie bewirkt ein negatives Feng Shui.

Atem an einem beliebigen Ort zu enthüllen. Mit dem Feng Shui des fliegenden Sterns kann der Praktiker das »Geburtshoroskop« eines Hauses auf der Basis des Termins seiner Errichtung oder umfassenden Renovierung berechnen. Ein solches Geburtshoroskop ist nützlich für die Analyse des Feng Shui eines beliebigen Gebäudes, da es neben dem räumlichen auch den Zeitfaktor mit einbezieht. Es ermöglicht folglich eine gründlichere Anwendung der Methoden des Feng Shui. Die Beachtung eines solchen Geburtshoroskops negiert keineswegs die Empfehlungen, die auf anderen Methoden und Formeln des Feng Shui beruhen. Der Einfluß der zeitlichen Dimension sollte immer berücksichtigt werden, da sie das Unglück erklärt, das ein Haus mit gutem Feng Shui dennoch befallen kann. Dies kann für die Dauer einer Woche, eines Monats oder eines Jahres geschehen, je nachdem, welche Sterne gerade unheilverheißend wirken.

Allerdings sollten Sie zur Kenntnis nehmen, daß Häuser, die ausschließlich nach den Richtlinien des räumlichen Feng Shui errichtet wurden, sich generell eines vorteilhaften kosmischen Atems erfreuen, denn jegliches durch fliegende Sterne herbeigeführtes Unglück ist in der Regel ein vorübergehendes Phänomen. Es reicht folglich zu wissen, welche Himmelsrichtungen im jeweiligen Jahr auf großes Unglück hinweisen (siehe Tabelle), und die empfohlenen Sicherheitsmaßnahmen zu beachten. Zum Beispiel setzte im Mondjahr 1998 ein schlechter fliegender Stern dem kosmischen Atem in der nordöstlichen Ecke aller Wohnhäuser zu. Um dem entgegenzuwirken, riet ich dazu, für den Verlauf des Jahres in der nordöstlichen Ecke ein Windspiel aus fünf Bambusstäben aufzuhängen. Die betroffenen Ecken ändern sich von Jahr zu Jahr, und welche Ecke beeinträchtigt ist, hängt davon ab, wie die Sterne durch das Lo-Shu-Quadrat fliegen. Im Jahr 1999 ist die betroffene Himmelsrichtung der Süden, und daher ist es hilfreich, einen mit Wasser gefüllten Behälter in der südlichen Ecke Ihres Hauses aufzustellen. Tauschen Sie das Wasser regelmäßig aus. Mehr Informationen über fliegende Sterne in bezug auf die Gesundheit finden Sie auf Seite 147–148.

Jahr	*betroffene Ecke*	*Jahr*	*betroffene Ecke*
1999	Süden	2004	Mitte
2000	Norden	2005	Nordwesten
2001	Südwesten	2006	Westen
2002	Osten	2007	Nordosten
2003	Südosten	2008	Süden

Einflußbereich der fliegenden Sterne

Den Rahmen Ihres Lebensraumes festlegen

Bevor Sie alle in diesem Buch beschriebenen Methoden anwenden können, müssen Sie die Parameter Ihres Lebensraums definieren. Dies ist der erste Schritt, wenn man Feng Shui praktizieren will, und es ist wichtig, dabei gründlich vorzugehen, da Sie Ihre Analyse und Feng-Shui-Arbeit auf diesen Daten aufbauen. Sie benötigen dafür zwei Hilfsmittel: einen ganz normalen Kompaß und ein Lo-Shu-Quadrat.

Der Kompaß

Investieren Sie in einen guten Kompaß, vorzugsweise in einen, auf dem die Himmelsrichtungen in Grad angegeben sind. Wenn die Feng-Shui-Empfehlungen positive Ergebnisse hervorbringen sollen, dann ist Genauigkeit beim Ablesen der Himmelsrichtungen die entscheidende Voraussetzung. Auch wenn viele Feng-Shui-Meister noch immer den chinesischen Luopan für ihre Messungen benutzen, so ist dies für den Amateur nicht erforderlich. Ich selbst verwende einen normalen westlichen Kompaß einfach deshalb, weil er sich leichter ablesen läßt und viel genauer ist. Sollten Sie in einem Teil der Welt leben, in dem es im Boden zu seismischen Aktivitäten kommt, dann ist für Sie möglicherweise ein stärkerer, professioneller Landvermesserkompaß erforderlich.

Es ist manchmal nicht ganz leicht, einen Kompaß richtig abzulesen. Ich empfehle Ihnen daher, drei Messungen zu nehmen und jeweils den Mittelwert zu verwenden. Sollten sich die Ergebnisse um mehr als fünfzehn Grad unterscheiden, dann kann dies bedeuten, daß die Energien in dem Raum aus dem Gleichgewicht geraten sind. Dies läßt sich normalerweise korrigieren, indem Sie überprüfen, wo Ihre elektronischen Geräte wie etwa der Fernseher oder die Stereoanlage stehen.

Erhalten Sie, nachdem Sie die Geräte an einem anderen Ort aufgebaut haben, noch immer Ergebnisse, die um mehr als fünfzehn Grad voneinander abweichen, dann ist anzunehmen, daß Sie die Auswirkungen von unterirdischen Erdstrahlen zu spüren bekommen. Treten Sie einen Meter zur Seite und messen Sie erneut. Gemessen werden sollte an den drei folgenden Orten:

- direkt hinter der Eingangstür
- ausgehend von der Eingangstür einen Meter im Inneren des Hauses
- ausgehend von der Eingangstür viereinhalb Meter im Inneren des Hauses.

Nehmen Sie in allen Fällen das Maß, indem Sie im Haus stehen und nach draußen blicken. Bei allen in diesem Buch angegebenen Himmelsrichtungen wird davon ausgegangen, daß Sie sie auf die beschriebene Weise erhalten haben. Sobald Sie die genaue Richtung kennen, in die sich Ihre Eingangstür öffnet, wird es Ihnen möglich sein, alle Feng-Shui-Kompaßformeln richtig anzuwenden. Außerdem ergeben sich aus dieser entscheidenden Messung alle acht Himmelsrichtungen Ihres Hauses.

Im allgemeinen wird die Himmelsrichtung, in die sich Ihre Eingangstür öffnet, als die Vorderseite Ihres Hauses betrachtet, und im Idealfall sollte diese der nächstgelegenen Hauptstraße, die möglichst in der Nähe Ihres Hauses vorbeiführt, zugewandt sein. Wenn sich Wohnhäuser (und Bürogebäude bzw. Geschäfte) direkt an der Hauptstraße befinden, dann bringt dies in der Regel gutes Feng-Shui-Glück, da die lebhafte Aktivität große Mengen Yang-Energie erzeugt. Lebt man jedoch zu nah an der Hauptstraße, dann ist natürlich der Lärm ein Nachteil.

Das Lo-Shu-Quadrat

Nachdem festgestellt wurde, in welche Himmelsrichtung die Eingangstür weist, besteht der nächste Schritt darin, ihren genauen Standort innerhalb des Hauses oder der Wohnung zu bestimmen. Hierzu ist es erforderlich, daß Sie den Grundriß Ihres Hauses in neun gleichgroße Quadrate (oder Rechtecke) aufteilen, indem Sie das Lo-Shu-Quadrat auf den Grundriß übertragen.

Die Anwendung des Lo-Shu-Quadrats wäre ein leichtes, wenn alle Häuser die Form eines genauen Quadrats hätten. Unglück-

Das Lo-Shu-Quadrat

Viele Tao-Chinesen glauben, daß es sich hierbei um ein magisches Quadrat handelt. Die in ihm enthaltene Zahlenabfolge stellt im Feng Shui die Grundlage für viele Kompaßformeln dar. In der fortgeschrittenen Feng-Shui-Arbeit ist die Anwendung des Lo-Shu-Quadrats weit verbreitet. Für den Amateur ist es ausreichend, sich die Reihenfolge der Zahlen im Quadrat zu merken und mit welchen Himmelsrichtungen sie sich decken.

4	9	2
3	5	7
8	1	6

licherweise ist dies selten der Fall. Die meisten Häuser sind von unregelmäßiger Form und weisen fehlende Ecken auf. Sie sind nur selten genaue Quadrate und Rechtecke.

Außerdem fällt es schwer zu entscheiden, ob die Garage und Terrassen oder Balkone beziehungsweise andere Gebäude im Garten mit einbezogen werden sollen oder nicht. Als Faustregel gilt: Wenn diese »Räume« nicht direkt mit dem Haus verbunden sind, dann sind sie auch kein dazugehöriger Bestandteil. Ist ein überdachter Gang vorhanden, der die beiden Gebäude miteinander verbindet, dann muß das Raster so angelegt werden, daß es das Haus, den überdachten Gang und das Seitengebäude aufnimmt.

Wenn Sie das Lo-Shu-Raster über den Grundriß legen, dann stellen Sie sich vor, daß Sie von einem Hubschrauber aus hinunter auf das Haus blicken. Alles, was ein Dach besitzt, wird

als Bestandteil des Hauses empfunden und muß folglich im Raster berücksichtigt werden. Für gewöhnlich werden aufgrund der unregelmäßigen Formen von Häusern Ecken fehlen. Sie zu analysieren wird Ihnen dabei helfen, die Feng-Shui-Qualität Ihres Hauses zu bestimmen.
Bei dieser Vorbereitungsarbeit sollten Sie sich die Form des Hauses genau ansehen. Stellen Sie fest, ob es viele Ecken hat und ob es möglicherweise eine aus dem Gesamtbild herausragende Ecke gibt. Berücksichtigen Sie, in welchem Teil des Hauses/der Wohnung sich die Bewohner am häufigsten aufhalten und wo sich die Familienmitglieder am regelmäßigsten versammeln. Für gewöhnlich handelt es sich dabei um die Küche, das Wohn- oder Fernsehzimmer. Diese Bereiche sollten sich unter günstigen Einflüssen befinden. Ob das der Fall ist, können Sie mit Hilfe des Bagua feststellen. Die Kapitel drei und acht legen dar, wie Sie diese Räume bei Bedarf verbessern können.

Analyse mit dem Bagua

Sie haben nun einen Ausgangspunkt, um mit Feng Shui Reichtum zu schaffen. Fertigen Sie mehrere Kopien des Grundrisses an, in den alle Himmelsrichtungen und das Lo-Shu-Raster eingetragen sind, so daß Sie den Lageplan bei der Hand haben, während Sie dieses Buch durcharbeiten. Sie können sich dann bereits Notizen zu den Empfehlungen machen, die auf Ihr Zuhause zutreffen, oder zu den Bereichen, die Sie energetisch aufladen möchten.
Die beste Möglichkeit, um herauszufinden, welche Ecken energetisch aufgeladen werden müssen, besteht darin, das Bagua auf den Grundriß zu übertragen. Das Bagua ist ein

Das Bagua

Die Symbole und Zahlen des abgebildeten Bagua basieren auf der sogenannten nachhimmlischen Reihenfolge der Trigramme, entsprechen also dem Yang-Bagua. Diese Anordnung ist der Grundstein der Feng-Shui-Praxis für Wohn- und Bürohäuser. Sie können diese Darstellungen verwenden, um zu analysieren, was erforderlich ist, um die Energie jeder entsprechenden Himmelsrichtung zu stärken.

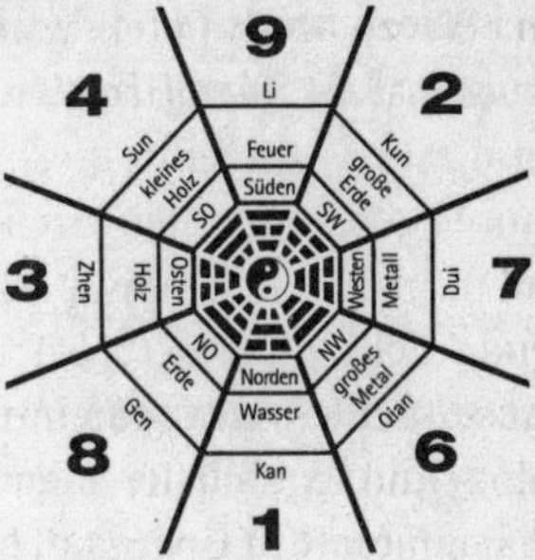

Das Bagua übertragen

Übertragen Sie das Bagua auf den Grundriß Ihres Hauses. Sie können dies für das gesamte Haus oder für jedes Zimmer einzeln tun. Die Energetisierung erfolgt dann für das Haus als Ganzes oder in den Ecken jedes Raums für sich. Die Bedeutung der Zahlen sollte ebenfalls in Ihre Feng-Shui-Praxis einfließen, wie etwa durch eine Schildkröte im Norden und neun Lampen im Süden.

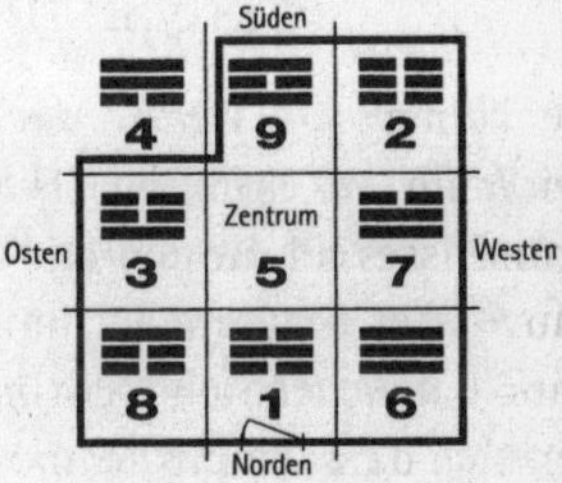

achtseitiges Symbol des Feng Shui, jede Seite ist mit einem von acht Trigrammen versehen. Wie diese Trigramme sich im Bagua verteilen, bestimmt über die Art des Bagua. Es gibt zwei Anordnungen und damit zwei Bagua-Formen – das Yin-Bagua und das Yang-Bagua.

Das Yin-Bagua

Hier sind die Trigramme in einem, wie die Chinesen es nennen, zyklischen Muster angeordnet. In dieser Anordnung sind die Trigramme in Gegensatzpaaren plaziert, was allgemein als

Das Yin-Bagua

Diese Form des Bagua wird normalerweise über der Eingangstür aufgehängt – um den tödlichen Hauch abzuwenden, der die Tür schädigen könnte. Die Trigramme solcher Bagua werden für gewöhnlich vor einen roten Hintergrund gestellt, um starke Yang-Energie zu bewirken, und in ihrer Mitte befindet sich meist ein Spiegel. Wenn dieser Spiegel konkav ist, dann wirft er die Giftpfeile nach allen Richtungen zurück und ist somit recht aggressiv. Ist er konvex, dann absorbiert er den tödlichen Hauch und ist damit nicht so feindselig. Ein flacher Spiegel ist neutral und damit weder feindlich noch freundlich.

vor-himmlische Reihenfolge bezeichnet wird. Das wichtigste Trigramm – Qian, das für den Himmel und den Patriarch steht – befindet sich im Süden. Damit ist es dem Norden und dem Trigramm Kun, das für die Matriarchin steht, direkt gegenübergestellt. Diese beiden Trigramme symbolisieren das Yang und das Yin an sich.
Von der Anordnung der Trigramme im Yin-Bagua heißt es, daß sie himmlische Macht besitzt, die Shar Qi oder den tödlichen Hauch ablenken oder überwinden kann. Folglich umschließen die Trigramme in dieser Reihenfolge den Bagua-Spiegel, um die Giftpfeile gerader Straßen, von T-Kreuzungen und anderen schädlichen Strukturen abzulenken.
Das Yin-Bagua sollte niemals irgendwo im Haus sichtbar aufgehängt oder dem Blick ausgesetzt werden. Es sollte auch nicht verwendet werden, um Giftpfeilen im Inneren des Hauses entgegenzuwirken. Zwar macht es das Shar Qi des Giftpfeils unschädlich, doch schädigt es zugleich auch die Bewohner. Ich betone dies immer wieder, denn ich weiß, daß es viele angebliche Feng-Shui-Meister gibt, die dazu raten, Bagua-Spiegel im Inneren des Hauses aufzuhängen. Bitte tun Sie dies nicht, es ist wirklich gefährlich!

Das Yang-Bagua

Dies ist das Bagua, welches zur Feng-Shui-Analyse herangezogen wird. Das Yin-Bagua wird für Yin-Behausungen verwendet, das sind die Behausungen der Toten, die Gräber unserer Vorfahren. Wenn das Feng Shui von Friedhöfen bestimmt wird, dann zieht man das Yin-Bagua zu Rate. Yang-Behausungen hingegen sind die Häuser der Lebenden, hier wird also das Yang-Bagua verwendet. Abhängig von der

Anordnung der Trigramme im Bagua können Praktiker die Symbole, Elemente und andere mit dem jeweiligen Trigramm verbundene Darstellungen benutzen und den acht Himmelsrichtungen zuordnen. Es sind solche Darstellungen und Symbole, die den äußeren Rand des chinesischen Feng-Shui-Kompasses, des Luopan, verzieren.

Die Anordnung der Trigramme auf dem Yang-Bagua wird als nach-himmlische Reihenfolge bezeichnet. Die so angeordneten Trigramme spiegeln die Vorstellung wider, daß die durch Gegensätze geprägten Beziehungen in der vor-himmlischen Reihenfolge Veränderungen unterworfen waren. Nun steht im Süden nicht mehr Qian, sondern Li, und Kun im Norden ist durch Kan ersetzt. Die beiden Trigramme, die für das eigentliche Yang und Yin stehen, befinden sich nun im Nordwesten beziehungsweise im Südwesten.

Das Yang-Bagua

Diese Form des Bagua wird zur Analyse von Feng-Shui-Erfordernissen in den Behausungen der Lebenden (im Gegensatz zu den Behausungen der Verstorbenen) herangezogen. Die Anordnung der Trigramme ist hier von anderer Art als im Yin-Bagua: Das Trigramm im Süden ist Li, das Feuer symbolisiert, und das Trigramm im Norden ist Kan, das für Wasser steht.

Das Yang-Bagua in der Abbildung auf Seite 55 weist mehrere Darstellungsebenen auf, die dem Anfänger bei der Orientierung helfen werden. Wenn Sie beispielsweise die Himmelsrichtung Süden auswählen, dann sehen Sie, daß ihr das Trigramm Li entspricht. Das Element dieses Trigramms ist Feuer. Folglich ist Feuer das mit dem Süden assoziierte Element, und wenn Sie die südliche Ecke Ihres Zimmers günstig beeinflussen wollen, dann können Sie dies erreichen, indem Sie dort zum Beispiel eine helle rote Lampe aufstellen. Auf diese Weise fördern Sie das Feuerelement in dieser Ecke und verstärken sie damit. Übrigens, wer von Ihnen auf der südlichen Erdhalbkugel lebt, wird erkennen, daß die Gleichsetzung des Südens mit dem Element Feuer nichts mit den Winden oder der Position des Äquators zu tun hat, wie von einigen Feng-Shui-Autoren vermutet wurde. Es ist die Plazierung des Trigramms Li im Süden, die die Verbindung zwischen dem Element Feuer und dem Süden herstellt.

Gleichermaßen wird der Norden mit Kälte und dem Element Wasser assoziiert, weil sich das Trigramm Kan, dessen Element das Wasser ist, im Yang-Bagua dort befindet. Sie können also, um die nördliche Ecke eines Hauses oder eines Zimmers zu fördern, Wasser verwenden. Indem Sie dort Wassersymbole oder eben Wasser aufstellen, energetisieren Sie diese Ecke.

Die Symbole des Bagua verstehen

Das Bagua beinhaltet eine ganze Reihe von symbolischen Bedeutungen, die jeweils den acht Himmelsrichtungen zugeordnet sind. Diese Bedeutungen klug zu analysieren ist der erste Schritt, um Ihren Lebensraum zu fördern und damit gute

Gefühle zu erzeugen. Selbst wenn Sie nichts anderes tun, als sich von den Bagua-Symbolen Hinweise dafür geben zu lassen, wie Sie die acht Ecken Ihres Hauses energetisch aufladen können, werden Sie ein harmonisches Zuhause und damit ein Gefühl entspannten Wohlbehagens bewirken. Es werden sich Ihnen viele Gelegenheiten bieten, Ihr Leben zu bereichern, Sie werden sich guter Gesundheit und glücklicher Beziehungen erfreuen, Sie werden größeren materiellen Wohlstand genießen und ein besseres Einkommen haben.

Das Bagua ist an sich bereits ein sehr wirkungsvolles Symbol, doch entlang seiner acht Seiten, die für die vier Haupt- und die vier Nebenhimmelsrichtungen stehen, befinden sich zusätzliche Symbole, die in die Feng-Shui-Planung jedes Hauses einbezogen werden können. Widmen Sie sich systematisch einem Raum nach dem anderen. Verwenden Sie die Symbole, um die Energien und den kosmischen Atem der Ecken zu fördern.

Der Süden (das Trigramm Li)

Das Element des Südens ist Feuer, folglich handelt es sich um den Ort der Wärme und Hitze. Im Sommer wird der Süden glückbringend. Der Süden ist eine Himmelsrichtung mit sehr starken Yang-Eigenschaften, und die mit ihr assoziierten Farben sind für gewöhnlich Rot oder ein sehr helles Gelb. Alles, was etwas mit Feuer zu tun hat, auch der Blitz am Himmel, wird mit dieser Himmelsrichtung in Verbindung gebracht. Sie steht für das Schlafzimmer der mittleren Tochter, das, wenn es sich in der Südecke befindet, ihr sehr viel Glück bringen wird. Der Süden ist eine Himmelsrichtung, die dem weiblichen Geschlecht besser dient als dem männlichen, für Töchter folglich besser geeignet ist als für Söhne. Das Himmelstier des Südens ist der feuerrote Phönix, der wunderbare Gelegenheiten für Beförderungen mit sich bringt. Allein schon einen Phönix im Süden zu plazieren sorgt für unermeßliches Glück.

Der Norden (das Trigramm Kan)

Das Element des Nordens ist Wasser, und damit wird diese Himmelsrichtung zum Ort der Kälte und Stille. Ihre Jahreszeit ist der Winter. Die dominierende Farbe des Nordens ist Schwarz, die sehr stark yin ist. Blau und tiefes Violett sind sehr vielversprechend für den Norden. Alles, was etwas mit Kälte und mit Wasser, also auch Seen, Flüssen und Wasserstraßen zu tun hat, wird mit der nördlichen Himmelsrichtung assoziiert, die zugleich der Ort des mittleren Sohnes ist. Der Norden des Hauses eignet sich besser für Söhne als für Töchter. Das entsprechende Himmelstier ist die Schildkröte. Sie im Norden zu plazieren, bringt der ganzen Familie großes Glück.

Der Osten (das Trigramm Zhen)

Dem Osten wird das Element Holz zugeordnet, und es ist der beste Platz im Haus für den ältesten Sohn. Tatsächlich werden sich alle Söhne der Familie im Osten des Hauses gut entwickeln. Falls Sie nur ein Kind haben und es sich dabei um eine Tochter handelt, dann wird auch sie im Ostzimmer erblühen. Denn durch das Element Holz symbolisiert der Osten Wachstum. Dies ist auch die Himmelsrichtung des vielversprechenden grünen Drachen. Um die Ostecke des Hauses zu fördern, müssen Sie reichlich grüne Blattpflanzen verwenden.

Der Westen (das Trigramm Dui)

Dies ist ein Ort der Freude. Da das Element dieser Himmelsrichtung Metall ist, kann man hier Gold finden. Die dominierende Farbe ist Weiß. Der Westen ist am besten für die jungen Frauen der Familie geeignet. Wenn die jüngste Tochter hier wohnt, dann wird sie von nützlichen Energien profitieren. In der Feng-Shui-Überlieferung ist der Westen außerdem der Aufenthaltsort des weißen Tigers.
Es ist jedoch nicht ratsam, hier einen Tiger aufzustellen, da wir den Tiger nicht energetisch aufladen wollen. Ein Tigersymbol im Haus zu haben ist in der Regel nicht günstig, da nur Personen, die in den Jahren des Tigers geboren wurden, die gewaltigen Kräfte dieses grimmigen Tiers unter Kontrolle halten können.

Der Südosten (das Trigramm Sun)

Das Element dieser Ecke ist kleines Holz. Diese Himmelsrichtung symbolisiert den Wind im Feng Shui. Sie ist die Ecke des Reichtums, weil man glaubt, daß der Wind aus südöstlicher Richtung den Wohlstand herbeiträgt. Zur energetischen Aufladung dieser Ecke eignen sich am besten Pflanzen und Blumen. Lichter sind ebenfalls äußerst wirkungsvoll, da sie für eine erfolgreiche Ernte stehen. Der Südosten ist der Platz der ältesten Tochter.

Der Südwesten (das Trigramm Kun)

Dies ist der Ort der Matriarchin, und bei dem dazugehörigen Element handelt es sich um große Erde. Der Südwesten ist also die Wohnstatt der großen Erdmutter. Diese Himmelsrichtung ist eine sehr wichtige Ecke des Hauses, da der Ort der Matriarchin im Feng Shui zugleich den Inbegriff jeglicher zwischenmenschlicher Beziehung und allen Glücks darstellt. Wenn der Südwesten Ihres Hauses gestört ist, weil diese Ecke entweder ganz fehlt oder weil sich dort eine Toilette beziehungsweise ein Vorratsraum befindet, dann werden alle Hausbewohner darunter leiden. Ehen nehmen eine unglückliche Wendung. Geschwister kommen nicht miteinander aus, und jegliche Liebesbeziehungen werden ernsthaft negativ beeinflußt. Denn die Mutter wird als zentrales Glied in der Familieneinheit betrachtet. Achten Sie immer auf die südwestliche Ecke Ihres Zuhauses, wenn Sie innerhalb der Familie und mit Liebespartnern glückliche Beziehungen aufrechterhalten wollen.

Der Nordosten (das Trigramm Gen)

Dies ist der Ort der Stille, der Berg. Das zugehörige Element ist Erde. Dies ist die Himmelsrichtung, die sich am besten für den jüngsten Sohn der Familie eignet. Der Nordosten ist der beste Standort für eine Reichtumsvase, da sie das Gold im Inneren des Berges symbolisiert. Ihr einen Platz im Regal im Nordosten zu geben sorgt dafür, daß das Glück der Familie mit der Zeit zunimmt. Die Vase des Reichtums im Nordosten garantiert auch, daß das Haus immer im Besitz der Familie bleiben wird.

Der Nordwesten (das Trigramm Qian)

Diese Himmelsrichtung ist dem Vater, dem Patriarchen, dem Ernährer zugeordnet. Wie der Südwesten ist auch der Nordwesten eine entscheidende und äußerst wichtige Ecke des Hauses. Wenn sie, etwa durch die Plazierung einer Toilette, ungünstig beeinflußt ist, dann wird das Familienvermögen in Mitleidenschaft geraten, weil der Patriarch Verluste erleidet. Sie sollten immer darauf achten, für diesen Teil des Hauses gut zu sorgen. Doch sollte diese Ecke nicht zu stark beleuchtet sein, da der Nordosten durch das Element großes Metall repräsentiert wird, dem das Element Feuer schadet. Die besten Farben für diese Ecke sind Metallic oder Weiß.

Die Dreieinigkeit des Glücks

Vielleicht möchten Sie wissen, wie lange es dauert, bis Feng-Shui-Veränderungen oder -Verstärkungen zu wirken beginnen. Es gibt keine einfache Antwort auf diese Frage. Ich habe erlebt, daß das Feng Shui, das ich vor einiger Zeit für ein Paar bestimmt habe, achtzehn Monate gebraucht hat, bis es wirkliche und konkrete Chancen herbeigeführt hat. Doch in den meisten Fällen und wenn Feng Shui richtig durchgeführt wird, wirkt es mit seiner besonderen Art Magie fast sofort. Wenn Sie alles richtig machen und nichts übersehen, zeigt Feng Shui für gewöhnlich sehr schnell positive Resultate.

Doch muß Feng Shui im richtigen Maßstab gesehen werden. Feng Shui ist nur ein Drittel der Dreieinigkeit des Glücks: Drei

Arten des Glücks – Himmelsglück, Erdenglück und Menschheitsglück – bestimmen über das Wohlergehen der Menschheit. Das Himmelsglück befindet sich jenseits unserer Kontrolle. Es kommt in der Vorsehung und im Schicksal des einzelnen zum Ausdruck; man kann es mit dem Karma vergleichen. Himmelsglück übt eine sehr mächtige und durchdringende Wirkung auf das Schicksal des einzelnen aus. Es ist großartig, wenn man über gutes Himmelsglück verfügt. Das bedeutet, daß Sie in eine relativ glückliche Situation hineingeboren wurden, über insgesamt funktionsfähige Sinne verfügen und in einem Teil der Welt, der nicht von Krieg, Armut und extremen Wetterbedingungen betroffen ist. Allein schon als Mensch geboren zu werden und über eine Gelegenheit zur Weiterentwicklung zu verfügen bedeutet, daß die meisten von uns über recht gutes Himmelsglück verfügen.

Auf das Erdenglück können wir hingegen durch Feng Shui Einfluß nehmen, und durch die Kontrolle über unsere Einstellungen und unseren Geist können wir auch das Menschheitsglück beeinflussen. Ja, wenn wir uns wirklich systematisch und gut um diese beiden Arten des Glücks kümmerten, dann wäre tatsächlich allein der Himmel unsere Grenze.

Indem Sie Ihren Lebensraum mit einem guten Feng Shui erfüllen, bereiten Sie die Bühne für die wunderbaren Gelegenheiten, die sich dann in Ihrem Leben einstellen. Es wird aufregende neue Unternehmungen geben, Sie werden neue Menschen kennenlernen, und bei der Arbeit werden sich Situationen zu Ihren Gunsten entwickeln. All diese Entwicklungen sind jedoch nichts wert, wenn Sie sich nicht darum bemühen, sie in die Art von Fülle zu verwandeln, die Ihnen vorschwebt.

Erdenglück muß Hand in Hand gehen mit Menschheitsglück. Nur dann können Sie Ihr Leben verbessern. Selbst wenn Sie in nachteilige Situationen hineingeboren wurden, können Sie Feng Shui und Ihren Geist einsetzen, um sich in ein Leben wahrer Fülle hineinzukatapultieren.

Den Lebensraum reinigen

Sie haben nun Ihren Lebensraum – Ihr Haus, Ihre Wohnung – analysiert. Als letzten vorbereitenden Schritt stelle ich Ihnen Reinigungsrituale vor, mit deren Hilfe Sie Ihren Lebensraum regelmäßig von schlechten Energien befreien können. Nicht alle Häuser bedürfen der Reinigung, doch jedes Haus wird davon profitieren, wenn sein Inneres von zurückgebliebenen, abgestandenen Energien befreit ist.

Für gewöhnlich nehme ich einmal in der Woche eine Reinigung meines Hauses vor, und ich tue dies, indem ich alle Fenster öffne und alle Ventilatoren einschalte. Damit erreiche ich, daß die Energie im Inneren des Hauses durch die von außen hereinströmende Luft aufgefrischt wird. Die offenen Fenster gestatten der Luft, durch alle Zimmer zu fließen. Lassen Sie die Fenster etwa eine Stunde lang geöffnet. Am besten ist es, einen Tag mit Sonnenschein zu wählen, da ein solcher Tag besonders stark yang ist. Frische Yang-Energie wird durch das helle Sonnenlicht noch belebt, und folglich sind die Energien, die sich in dem Haus ausbreiten, sehr wertvoll. Es ist auch gut, ein Haus mit der sauberen Energie nach einem Regenguß zu reinigen, da die Zimmer so mit Luft erfüllt werden, die durch den Regen gesäubert und energetisch aufgeladen wurde.

Nach der Säuberung der Luft sollten Sie alle Oberflächen des Raumes symbolisch reinigen. Verwenden Sie hierzu ein weißes Tuch, das Sie draußen in der Sonne in Wasser ein-

geweicht haben. Wischen Sie damit die Oberflächen Ihrer Türen, Fenster und Möbel ab. Wischen Sie auch symbolisch den Boden. Die Reinigung der Luft in Ihrem Zuhause wird das gute Sheng Qi anziehen, und es lohnt sich, dies regelmäßig zu tun.
Einmal im Vierteljahr möchten Sie vielleicht auch eine umfassende Säuberung der Energien vornehmen. Dazu öffnen Sie nicht nur alle Fenster, sondern auch all die Türen Ihrer Vorratsräume und Schränke. Lassen Sie die abgestandene Luft hinaus und die gute frische Luft hinein. Dann vollziehen Sie eines der beiden folgenden Rituale, indem Sie sich sorgsam von Zimmer zu Zimmer durch das ganze Haus arbeiten.

- Reinigung mit Räucherwerk. Verwenden Sie einen Weihrauchschwenker, und verbrennen Sie darin Räucherwerk so, daß Rauch entsteht. Beginnen Sie bei der Eingangstür, und gehen Sie dann von einer Tür zur nächsten, bis Sie bei der Hintertür anlangen. Schwenken Sie das Weihrauchfaß in den Türöffnungen hin und her. Wiederholen Sie dies bei den Fenstern. Wenn Sie mit den Türen und Fenstern fertig sind, dann geben Sie etwas mehr Räucherwerk in den Behälter und nehmen sich die Zimmer vor. Achten Sie darauf, auch die Ecken und dunklen Winkel zu reinigen. Verwenden Sie spezielles Räucherwerk, dessen Kräuter und Pflanzen von hoch oben in den Bergen kommen oder von Orten, an denen die Energien rein und kraftvoll sind.
- Das andere Reinigungsritual bedient sich klingender Geräusche. Dazu verwenden Sie ein Glöckchen oder ein Glokkenspiel mit einem reinen Klang. Noch besser ist eine Klangschale, denn der Ton, den sie hervorbringt, ist besonders rein und fein. Dies erzeugt so wunderbare, frische Wachstumsenergie, daß ich die Klangschalenreinigung ein-

mal im Monat vollziehe. Sie beginnen wie bei der Reinigung mit Räucherwerk mit den Türen, reinigen dann die Fensterbereiche und nehmen sich zum Schluß die Zimmer vor.

Wenn Sie Ihre Räume regelmäßig auf diese Weise reinigen, dann werden Sie spüren, wie sich Ihre Stimmung hebt. Die Energien im Umfeld des Hauses werden leicht und weniger drückend, und ein Gefühl entspannten Glücks macht sich breit. Die Hausbewohner sind weniger streitsüchtig und sehr viel glücklicher. Ich kann es nur wärmstens empfehlen.

Der Reichtum persönlichen Wachstums

»Möge Feng Shui dein lebenslanger Freund sein;
so daß das Sehen mit den Augen des Feng Shui
zu deiner zweiten Natur wird ...«

Es gibt wahrscheinlich nichts Befriedigenderes im Leben als die Augenblicke, in denen man das Gefühl hat, wirklich etwas erreicht zu haben. Dieses besondere Hochgefühl hat seinen Ursprung in dem Glück, persönliches Wachstum zu erfahren. Es definiert einen Augenblick des Triumphes und bestätigt ein Gefühl überwältigenden Selbstwerts. Wenn Sie sich bewußt auf dieses gute Selbstwertgefühl einstellen, hinterläßt dies einen Eindruck im Geist, der es Ihnen mit der Zeit ermöglichen wird, solche positiven Erwartungen an sich selbst zu entwickeln, die das Glück des Erfolges anziehen, aus Ihnen einen Gewinner machen und Ihnen helfen, die Dinge zu erreichen, die Sie sich vorgenommen haben.

Gewinnen ist eine Einstellung und eine Geisteshaltung. Doch Gewinnen setzt auch Glück voraus: zur rechten Zeit am rechten Ort zu sein, jemanden Bestimmtes kennenzulernen, eine Chance zu bekommen und einen kleinen, aber entscheidenden Anstoß in einer von Wettbewerbsgeist geprägten Umwelt zu erhalten. Feng Shui sorgt für dieses bißchen Glück, das den notwendigen Anstoß liefert, um die Dinge zu Ihren Gunsten ins Rollen zu bringen. Oft kann dieses bißchen Glück entscheidend sein für den Job oder das Stipendium, den oder das Sie zu erhalten hofften, oder für die Gehaltserhöhung, die Sie unbedingt haben wollten. Denken Sie daran, wir leben in einer äußerst wettbewerbsorientierten Welt, und wir brauchen all das Glück, das wir bekommen können.

Um jedoch das Beste aus Feng Shui zu machen, müssen Sie zunächst Ihren wahren Wert erkennen. Es ist erforderlich, daß Sie sich selbst und Ihre Lebensumstände bedingungslos akzeptieren. Erst dann können Sie sich klar auf die Dinge konzentrieren, die Sie erreichen müssen, um Ihr Selbstwertgefühl zu erhöhen. Wenn Sie sich bessere Leistungen und mehr Fertigkeiten wünschen, dann kann sich dieser Wunsch nicht erfüllen, wenn Sie nicht zunächst den Menschen annehmen, der Sie sind. Befreien Sie sich von ungerechtfertigten Unterlegenheitsgefühlen. Geben Sie Ihre Angst auf, wertlos zu sein, schütteln Sie Unsicherheiten ab, und weisen Sie defensives Verhalten zurück.

Und hören Sie ab sofort auf, sich zu sagen, wie schwer es ist, Feng Shui zu erlernen. Sehen Sie es als Zusatzaufgabe, mit der Sie leicht fertig werden können. Es ist wie ein Wahlfach in der Schule. Erkennen Sie Feng Shui als Werkzeug, als etwas, das Ihnen den Rest Ihres Lebens gute Dienste leisten wird und das es wert ist, gelernt zu werden. Betrachten Sie es als Wissen, mit dem Sie auch Ihren Freunden und Verwandten nützen können.

Nehmen Sie eine entspannte Haltung gegenüber Feng Shui und Ihren Bemühungen ein, sich selbst und Ihre Umstände zu verbessern. Sie müssen davon überzeugt sein, daß Sie alles lernen, alles tun können, wenn Sie sich nur mit ganzem Herzen einbringen. Hören Sie auf, vor kleinen Hindernissen zu kapitulieren. All dies verlangt eine grundsätzliche Veränderung Ihrer Einstellung und eine mentale Neuprogrammierung, die Sie leicht zusammen mit Feng Shui üben können. Sie werden zu erstaunlichen Ergebnissen gelangen.

Ich selbst habe das fünfzehn Jahre lang getan. Ich habe mein

Selbstvertrauen aufgebaut, indem ich mich Stück für Stück neu programmierte. Ich meditierte über die Dinge, die ich gut konnte, über meine Stärken und die Fertigkeiten, die ich hatte oder erst noch entwickeln wollte. Es ist leicht, Vertrauen in etwas zu haben, was man bereits gut beherrscht, oder in eine Sachkenntnis, in der man ausgebildet wurde und in der man folglich kompetent ist. Doch das Unternehmen Leben verlangt unendlich große Wissensmengen und zahllose praktische Kenntnisse, die manchmal riesige Beulen in unser Selbstvertrauen schlagen. So habe ich mich gefühlt, als ich anfing, selbst Feng Shui zu praktizieren. »Zufällig« fiel diese Zeit mit meinem beruflichen Aufstieg zusammen, und es wäre besonders töricht gewesen, mich von irgendwelchen Gefühlen der Unzulänglichkeit lähmen zu lassen.

Ich verfügte nicht über das absolute Selbstvertrauen, doch ignorierte ich die kleinen Stolpersteine auf dem Weg. Diese Strategie gestattete es mir, mich auf das zu konzentrieren, was wirklich wichtig war, wenn ich in meinem Beruf und als Person wachsen wollte. Das war die Motivation, die mich dazu veranlaßte, mich besser zu qualifizieren. Ich bewarb mich, um meinen Abschluß als Betriebswirtin an der Harvard Business School zu machen, und setzte meine Entschlossenheit ein, um die Zulassung zum Studium zu erlangen. Dann setzte ich Feng Shui ein, um an das Geld für die Finanzierung des Studiums zu kommen. Ich verschob mein Bett und richtete meine Schlafposition so aus, daß ich für das Qi guten Glücks und Erfolgs aus meiner besten Himmelsrichtung offen war. Die Methode ließ mich nicht im Stich, und mir wurde ein Stipendium der Vereinten Nationen zugesprochen.

Mit der Zeit sah ich die positiven Resultate meiner eigenen Feng-Shui-Arbeit, also setzte ich während meiner ganzen Zeit als Angestellte mein Feng-Shui-Wissen als zusätzliches Mittel der Selbstförderung ein. Natürlich gab es Zeiten, in denen ich von meiner Arbeit so sehr in Anspruch genommen war, daß ich Feng Shui vollkommen vergaß. Während solcher Monate bekam ich für gewöhnlich einiges an Negativem zu spüren. Mein Glück, daß ich diese Zusammenhänge immer gerade rechtzeitig erkannte und die Situation korrigieren konnte. Folglich ist Feng Shui für mich nun seit vielen Jahren ein guter Freund.

Ich schreibe dieses Buch, um Ihnen und allen anderen Lesern zu sagen, daß Ihnen diese Tür ebenfalls offensteht. Es ist nichts Geheimnisvolles oder besonders Spirituelles an Feng Shui. Ich habe Feng Shui niemals als übernatürliche Methode betrachtet. Tatsächlich handelt es sich um eine Möglichkeit, gute Energien vor den eigenen Wagen zu spannen und schlechte aufzulösen. Sobald Sie erst einmal gelernt haben, wie dies im einzelnen funktioniert, können Sie sich vor schlechtem Feng Shui schützen und jeden beliebigen Raum fördern, um von gutem Feng Shui zu profitieren. Hierzu benötigen Sie keine besonderen oder übersinnlichen Fähigkeiten. Doch können Sie die Kraft Ihres Geistes einsetzen, um die erlernten Feng-Shui-Techniken zu verstärken und zu unterstützen.

Persönliches Wachstum ist natürlich ein Vorhaben, das niemals zum Abschluß gebracht werden kann. Es fühlt sich immer gut an, wenn man erfolgreich darin ist, neues Wissen, neue Erfahrungen, neue Fertigkeiten und neue Qualifikationen zu erwerben. Gleichgültig, in welcher Lebensphase Sie sich auch befinden oder wie alt Sie sind, persönliches Wachstum erzeugt ein spezielles Gefühl des inneren Reichtums. Sie haben die Möglichkeit, dies in eine Gewohnheit zu verwandeln, so daß jenes gute Selbstwertgefühl zu einem festen Bestandteil Ihrer selbst wird. Zugleich können Sie auch noch Feng Shui zu Ihrer Gewohnheit werden lassen.

Lassen Sie Feng Shui zu einem Freund fürs Leben werden, so daß das Sehen mit Feng-Shui-Augen zu Ihrer zweiten Natur wird. Das heißt nicht, daß Sie nach Feng Shui süchtig sein sollen, doch Sie sollten sich seiner Existenz immer bewußt sein. Erlernen Sie Feng Shui als Mittel, um die Energien in Ihrer Umgebung zu verstehen, doch es darf keine Macht über Sie gewinnen.

Aktivieren Sie Ihr persönliches Qi

Jeder Feng-Shui-Meister verfügt über seine eigene geheime Methode, mit der er sein persönliches Qi aktiviert, um sich für besondere Feng-Shui-Beratungen in einen meditativen Zustand zu versetzen. Diese Methoden sind sehr unterschiedlich, und soweit ich sie kennengelernt habe, haben sie mehr mit schamanischen Techniken als mit Feng Shui zu tun. Manche dieser geheimen Methoden sind an mich weitergegeben worden, doch ich wende sie nicht an. Es reicht aus, die Formeln des Landschafts- und Kompaß-Feng-Shui zu nutzen und diese mit meinen eigenen mentalen Techniken zu verbinden. Man könnte dies als meine »geheime Methode« verstehen, und ich freue mich, sie Ihnen durch dieses Buch vermitteln zu können. Dazu möchte ich Ihnen zwei einfache, doch ganz besondere Qi-Gong-Übungen vorstellen, mit deren Hilfe Sie Ihr Qi aktivieren können. Mit Qi Gong können Sie Ihr Qi zur Entwicklung eines gesunden Körpers nutzen. Diese Übungen manifestieren das physische Qi insofern, als Sie spüren können, wie sich diese Energie durch Ihren Körper bewegt. Es ist nicht notwendig, Qi Gong zu erlernen, um von Feng Shui zu profitieren. Doch sollten Sie versuchen, dieses Qi zu spüren, das Ihr ureigenes ist. Erst dann können Sie sich wirklich auf Ihr

Zwei Grundübungen des Qi Gong

- Stellen Sie sich hin, die Füße in etwa schulterbreitem Abstand. Beugen Sie ein wenig die Knie, dabei muß der Rücken ganz gerade bleiben. Die gerade Wirbelsäule und aufrechte Haltung sind für alle Qi-Gong-Übungen sehr wichtig. Als nächstes strecken Sie die Arme nach den Seiten aus, so daß Ihr Körper einem Kreuz gleicht. Nun ziehen Sie die Finger Ihrer Hände nach oben, so daß Ihre Hände sich in einem Neunzig-Grad-Winkel zu Ihren Armen befinden. Verharren Sie etwa zehn Minuten in dieser Haltung. Sie werden spüren, wie das Qi sich in Ihren Handflächen zu bewegen beginnt und langsam Ihre Arme entlang in Ihren Körper strömt. Wenn Sie diese Übung täglich machen, dann werden Sie innerhalb eines Monats fähig sein, den Fluß der Qi-Energie zwischen Ihren Händen zu spüren, zu kontrollieren und sogar zu manipulieren.
- Stellen Sie sich mit den Füßen in schulterbreitem Abstand aufrecht hin, halten Sie den Rücken gerade, und beugen Sie die Knie ein wenig. Halten Sie Ihre Hände so vor den Körper, als würden Sie einen kleinen lebendigen Vogel damit umschließen. Konzentrieren Sie sich auf den »Vogel« zwischen Ihren Händen, und bewegen Sie Ihre Hände sachte ein ganz klein wenig zueinander und wieder voneinander fort. Langsam werden sich Ihre Hände erwärmen, und Sie spüren die Energie, die zwischen ihnen gefangen ist. Stellen Sie sich diese Energie als Lichtkugel vor, die sich ausdehnt und zusammenzieht.

eigenes Kraftfeld und auf den kosmischen Atem, von dem Sie erfüllt sind, einstimmen. Erst dann sind Sie dazu in der Lage, Ihr Qi mit den kosmischen Energien im Sie umgebenden Lebensraum zu harmonisieren.

Gute Noten durch Quarzkristalle

Ihre eigene wesenhafte Energie zu spüren ist der Ausgangspunkt für die Aktivierung Ihres persönlichen Qi. Sobald Sie, nachdem Sie beide oder eine der beschriebenen Übungen gemacht haben, ausreichend aufgewärmt sind, sollten Sie Ihre Hände um einen Quarzkristall oder um eine runde Kristallkugel legen, die Sie eigens zu diesem Zweck anschaffen müssen. Dann setzen Sie den Kristall auf einem Tisch in der nordöstlichen Ecke Ihres Wohn- oder Arbeitszimmers ab. Dieser einfache Ablauf wird all Ihre Bemühungen, sich weiterzuentwickeln, durch wunderbares Erdenglück unterstützen. Die Arbeit mit Quarzkristallen ist insbesondere für Familien, zu denen auch Schulkinder gehören, da diese Art der energetischen Aufladung der nordöstlichen Ecke im allgemeinen sehr dabei hilft, schulische Ziele zu erreichen.

Am besten ist es, wenn jedes Kind seinen eigenen Quarzkristall hat. Jedes von ihnen soll seine Hände innerlich so wie beschrieben aufwärmen und dann den Kristall umfassen, um ihn wirkungsvoll mit den eigenen Energien aufzuladen. Dann wird der Kristall zurück auf einen Tisch in der nordöstlichen Ecke des Wohnzimmers gelegt. Man kann den Kristall auch auf einen Tisch in der nordöstlichen Ecke des Schlafzimmers des jeweiligen Kindes legen.

Wendet man diese Methode der Energetisierung vor Prüfungen an, wird sich das Kind besser konzentrieren können, es wird aufmerksamer sein und höchst motiviert. Es ist gut, wenn die Energien des Kristalls regelmäßig durch das Kind erneuert werden, damit der Stein die persönlichen Energien des betreffenden Kindes aufnehmen kann. Lassen Sie es nicht zu, daß jemand anderer die Kristalle Ihrer Kinder berührt. Sie möchten ja nicht, daß der Stein außer Ihren eigenen oder denen Ihrer Kinder auch noch die Energien Fremder speichert. Fremde Energien könnten sehr wohl negativ sein oder mit denen Ihres Kindes kollidieren, also achten Sie sorgsam auf die Kristalle, die Sie zur Energetisierung benutzen.

Aus dem gleichen Grund ist es ratsam, Kristalle, die Sie für Feng-Shui-Zwecke verwenden möchten, zuerst von zurückgebliebenen fremden Energien zu reinigen. Kristalle, die sich zuvor in Schaufenstern und Läden befunden haben, sind von so vielen Menschen in die Hände genommen worden und haben deren Vibrationen gespeichert. Um diese Energien zu entfernen, füllen Sie eine Schüssel bis zum Rand mit Wasser und lösen sieben Eßlöffel Meersalz darin auf. Lassen Sie den Kristall sieben Tage und Nächte in diesem Wasser liegen, dann legen Sie ihn eine Zeitlang unter fließendes Wasser. Damit lösen Sie wirkungsvoll alle in ihm gespeicherten Energien auf. Sie können den Kristall jetzt mit Ihrer eigenen oder mit der Energie der Person aufladen, deren Lernglück Sie aktivieren wollen.

Ein Globus aus Lapislazuli

Das Lernglück Ihrer Kinder können Sie sogar noch wirkungsvoller aktivieren, wenn Sie einen richtigen Globus in die nordöstliche Ecke stellen. Es kann ein Globus sein, der auf einer Achse rotiert, oder aber, und das wäre noch besser, ein eigens gefertigter Globus aus Kristall, Lapislazuli oder Topas. Letztere sind recht teuer, doch sie erzeugen auch extrem gutes Feng Shui und helfen dabei, hervorragende schulische Ergebnisse zu erreichen.

Der Globus ist ein vorzügliches Symbol der Erde. Ihn in die nordöstliche Ecke, welche die Bildungsziele der Familie repräsentiert, zu stellen, ist eine sehr wirkungsvolle Methode, um das Element Erde des Nordostens zu aktivieren. Ich habe beispielsweise einen Globus aus Lapislazuli mit unglaublichem Erfolg während der Schul- und Universitätsjahre meiner Tochter benutzt. Doch ein Globus aus Kristall ist ebenso wirkungsvoll.

Vergessen Sie nicht, das Kind den Globus in die Hände nehmen zu lassen, nachdem es seine Qi-Energie mit den beschriebenen Übungen aufgefrischt hat. Es ist wichtig, daß die persönliche Energie der Person, die von diesem energetisierenden Gegenstand zu profitieren wünscht, an den Globus weitergegeben wird.

Persönliches Qi und Raum-Qi harmonisieren

Zusätzlich zu den obengenannten Techniken, welche das symbolische Feng Shui mit dem Feng Shui der fünf Elemente verbinden, können Sie für Ihr persönliches Wachstum auch eine Formel aus der Kompaßschule des Feng Shui verwenden, die die Menschen einer östlichen und einer westlichen Gruppe zuordnet. Ich bezeichne sie als die Bagua-Lo-Shu-Formel. Dabei handelt es sich um eine sehr wirkungsvolle Kompaßformel, die aus den klassischen Texten stammt. Die Formel bietet eine personenbezogene Methode, um günstige und ungünstige Verhältnisse zwischen dem persönlichen Qi des einzelnen Bewohners und dem Raum-Qi seines direkten Umfelds festzustellen. Mit ihr lassen sich die jeweils günstigen und ungünstigen Himmelsrichtungen – also Orte im Bagua – für verschiedene Ziele berechnen. Die Formel ist prinzipiell leicht anzuwenden, doch gibt es viele verschiedene Methoden. Tatsächlich habe ich sogar ein ganzes Buch allein über diese Formel geschrieben, weil die Möglichkeiten so zahlreich sind und die Bagua-Lo-Shu-Formel eine so große Feng-Shui-Relevanz hat. Ihre Anwendungen werden im Rahmen des vorliegenden Buches immer dann besprochen, wenn sie für die Art Reichtum erforderlich werden, die wir zu verwirklichen wünschen.

Die Gua-Zahl

Die Gua-Zahl wird aus dem lunaren Geburtsjahr berechnet, das mit Hilfe des chinesischen Mondkalenders bestimmt wird. Sie erhalten Ihr Mondgeburtsjahr, wenn Sie Ihr solares Geburtsjahr zugrunde legen und das Datum für den lunaren Jahreswechsel berücksichtigen. Sollten Sie also zum Beispiel am 5. Februar 1975 geboren worden sein, dann ist Ihr Geburtsjahr nach dem Mondkalender *nicht* 1975, sondern 1974. Sind Sie am 21. Januar 1987 geboren, dann ist Ihr lunares Geburtsjahr *nicht* 1987, sondern 1986. Es gibt für jedes Jahr eine Gua-Zahl für Frauen und eine für Männer, Sie können sie der Tabelle entnehmen. Am Ende der Tabelle finden Sie die Formeln, nach denen die Gua-Zahlen berechnet werden.

Der chinesische Mondkalender

Tier (Element)	Gua-Zahl Männer	Gua-Zahl Frauen	Gültigkeit im westlichen Kalender	Jahreselement
Ratte (Wasser)	7	8	18.02.1912–05.02.1913	Wasser
Ochse (Erde)	6	9	06.02.1913–25.01.1914	Wasser
Tiger (Holz)	5	1	26.01.1914–13.02.1915	Holz
Hase (Holz)	4	2	14.02.1915–02.02.1916	Holz
Drache (Erde)	3	3	03.02.1916–22.01.1917	Feuer
Schlange (Feuer)	2	4	23.01.1917–10.02.1918	Feuer
Pferd (Feuer)	1	5	11.02.1918–31.01.1919	Erde
Schaf (Erde)	9	6	01.02.1919–19.02.1920	Erde
Affe (Metall)	6	7	20.02.1920–07.02.1921	Metall
Hahn (Metall)	7	8	08.02.1921–27.01.1922	Metall
Hund (Erde)	6	9	28.01.1922–15.02.1923	Wasser
Schwein (Wasser)	5	1	16.02.1923–04.02.1924	Wasser
Beginn des neuen Sechzig-Jahre-Zyklus				
Ratte (Wasser)	4	2	05.02.1924–23.01.1925	Holz
Ochse (Erde)	3	3	24.01.1925–12.02.1926	Holz
Tiger (Holz)	2	4	13.02.1926–01.02.1927	Feuer
Hase (Holz)	1	5	02.02.1927–22.01.1928	Feuer
Drache (Erde)	9	6	23.01.1928–09.02.1929	Erde
Schlange (Feuer)	8	7	10.02.1929–29.01.1930	Erde
Pferd (Feuer)	7	8	30.01.1930–16.02.1931	Metall
Schaf (Erde)	6	9	17.02.1931–05.02.1932	Metall
Affe (Metall)	5	1	06.02.1932–25.01.1933	Wasser
Hahn (Metall)	4	2	26.01.1933–13.02.1934	Wasser
Hund (Erde)	3	3	14.02.1934–03.02.1935	Holz
Schwein (Wasser)	2	4	04.02.1935–23.01.1936	Holz
Ratte (Wasser)	1	5	24.01.1936–10.02.1937	Feuer
Ochse (Erde)	9	6	11.02.1937–30.01.1938	Feuer
Tiger (Holz)	8	7	31.01.1938–18.02.1939	Erde
Hase (Holz)	7	8	19.02.1939–07.02.1940	Erde
Drache (Erde)	6	9	08.02.1940–26.01.1941	Metall
Schlange (Feuer)	5	1	27.01.1941–14.02.1942	Metall

Tier (Element)	Gua-Zahl Männer	Gua-Zahl Frauen	Gültigkeit im westlichen Kalender	Jahres-element
Pferd (Feuer)	4	2	15.02.1942–04.02.1943	Wasser
Schaf (Erde)	3	3	05.02.1943–24.01.1944	Wasser
Affe (Metall)	2	4	25.01.1944–12.02.1945	Holz
Hahn (Metall)	1	5	13.02.1945–01.02.1946	Holz
Hund (Erde)	9	6	02.02.1946–21.01.1947	Feuer
Schwein (Wasser)	8	7	22.01.1947–09.02.1948	Feuer
Ratte (Wasser)	7	8	10.02.1948–28.01.1949	Erde
Ochse (Erde)	6	9	29.01.1949–16.02.1950	Erde
Tiger (Holz)	5	1	17.02.1950–05.02.1951	Metall
Hase (Holz)	4	2	06.02.1951–26.01.1952	Metall
Drache (Erde)	3	3	27.01.1952–13.02.1953	Wasser
Schlange (Feuer)	2	4	14.02.1953–02.02.1954	Wasser
Pferd (Feuer)	1	5	03.02.1954–23.01.1955	Holz
Schaf (Erde)	9	6	24.01.1955–11.02.1956	Holz
Affe (Metall)	8	7	12.02.1956–30.01.1957	Feuer
Hahn (Metall)	7	8	31.01.1957–17.02.1958	Feuer
Hund (Erde)	6	9	18.02.1958–07.02.1959	Erde
Schwein (Wasser)	5	1	08.02.1959–27.01.1960	Erde
Ratte (Wasser)	4	2	28.01.1960–14.02.1961	Metall
Ochse (Erde)	3	3	15.02.1961–04.02.1962	Metall
Tiger (Holz)	2	4	05.02.1962–24.01.1963	Wasser
Hase (Holz)	1	5	25.01.1963–12.02.1964	Wasser
Drache (Erde)	9	6	13.02.1964–01.02.1965	Holz
Schlange (Feuer)	8	7	02.02.1965–20.01.1966	Holz
Pferd (Feuer)	7	8	21.01.1966–08.02.1967	Feuer
Schaf (Erde)	6	9	09.02.1967–29.01.1968	Feuer
Affe (Metall)	5	1	30.01.1968–16.02.1969	Erde
Hahn (Metall)	4	2	17.02.1969–05.02.1970	Erde
Hund (Erde)	3	3	06.02.1970–26.01.1971	Metall
Schwein (Wasser)	2	4	27.01.1971–14.02.1972	Metall
Ratte (Wasser)	1	5	15.02.1972–02.02.1973	Wasser
Ochse (Erde)	9	6	03.02.1973–22.01.1974	Wasser
Tiger (Holz)	8	7	23.01.1974–10.02.1975	Holz

Tier (Element)	Gua-Zahl Männer	Gua-Zahl Frauen	Gültigkeit im westlichen Kalender	Jahres-element
Hase (Holz)	7	8	11.02.1975–30.01.1976	Holz
Drache (Erde)	6	9	31.01.1976–17.02.1977	Feuer
Schlange (Feuer)	5	1	18.02.1977–06.02.1978	Feuer
Pferd (Feuer)	4	2	07.02.1978–27.01.1979	Erde
Schaf (Erde)	3	3	28.01.1979–15.02.1980	Erde
Affe (Metall)	2	4	16.02.1980–04.02.1981	Metall
Hahn (Metall)	1	5	05.02.1981–24.01.1982	Metall
Hund (Erde)	9	6	25.01.1982–12.02.1983	Wasser
Schwein (Wasser)	8	7	13.02.1983–01.02.1984	Wasser
Ratte (Wasser)	7	8	02.02.1984–19.02.1985	Holz
Ochse (Erde)	6	9	20.02.1985–08.02.1986	Holz
Tiger (Holz)	5	1	09.02.1986–28.01.1987	Feuer
Hase (Holz)	4	2	29.01.1987–16.02.1988	Feuer
Drache (Erde)	3	3	17.02.1988–05.02.1989	Erde
Schlange (Feuer)	2	4	06.02.1989–26.01.1990	Erde
Pferd (Feuer)	1	5	27.01.1990–14.02.1991	Metall
Schaf (Erde)	9	6	15.02.1991–03.02.1992	Metall
Affe (Metall)	8	7	04.02.1992–22.01.1993	Wasser
Hahn (Metall)	7	8	23.01.1993–09.02.1994	Wasser
Hund (Erde)	6	9	10.02.1994–30.01.1995	Holz
Schwein (Wasser)	5	1	31.01.1995–18.02.1996	Holz
Ratte (Wasser)	4	2	19.02.1996–06.02.1997	Feuer
Ochse (Erde)	3	3	07.02.1997–27.01.1998	Feuer
Tiger (Holz)	2	4	28.01.1998–15.02.1999	Erde
Hase (Holz)	1	5	16.02.1999–04.02.2000	Erde
Drache (Erde)	9	6	05.02.2000–23.01.2001	Metall
Schlange (Feuer)	8	7	24.01.2001–11.02.2002	Metall
Pferd (Feuer)	7	8	12.02.2002–31.01.2003	Wasser
Schaf (Erde)	6	9	01.02.2003–21.01.2004	Wasser
Affe (Metall)	5	1	22.01.2004–08.02.2005	Holz
Hahn (Metalll)	4	2	09.02.2005–28.01.2006	Holz
Hund (Erde)	3	3	29.01.2006–17.02.2007	Feuer
Schwein (Wasser)	2	4	18.02.2007–06.02.2008	Feuer

Die Gua-Zahl selbst berechnen

Für Männer

Nehmen Sie Ihr lunares Geburtsjahr. Addieren Sie die beiden letzten Stellen miteinander. Wenn Sie eine zweistellige Zahl erhalten, dann addieren Sie auch diese beiden Stellen, bis Sie eine einstellige Zahl haben. Ziehen Sie diese von zehn ab.

Beispiel 1: Geburtsjahr 1964
6+4=10 und 1+0=1
10-1=9
Die Gua-Zahl ist 9.

Beispiel 2: Geburtsjahr 1984
8+4=12 und 1+2=3
10-3=7
Die Gua-Zahl ist 7.

Für Frauen

Nehmen Sie Ihr lunares Geburtsjahr. Addieren Sie die beiden letzten Stellen miteinander. Wenn Sie ein zweistellige Zahl erhalten, dann addieren Sie auch hier die beiden Stellen, bis Sie eine einstellige Zahl haben. Zu dieser addieren Sie noch einmal fünf. Wenn Sie eine zweistellige Zahl erhalten, dann addieren Sie wiederum die beiden Stellen, bis Sie eine einstellige Zahl erhalten.

Beispiel 1: Geburtsjahr 1945
4+5=9 und 9+5=14
1+4=5
Die Gua-Zahl ist 5.

Beispiel 2: Geburtsjahr 1982
8+2=10 und 1+0=1
1+5=6
Die Gua-Zahl ist 6.

Die Bagua-Lo-Shu-Formel

Mit der Hilfe Ihrer Gua-Zahl werden Sie folgendes feststellen können:

- Ob Sie der östlichen oder der westlichen Gruppe der Himmelsrichtungen angehören.
- Ihre vier günstigen Himmelsrichtungen.
- Ihre vier ungünstigen Himmelsrichtungen.
- Die beste Himmelsrichtung für Ihr persönliches Wachstum.
- Ihre beste Himmelsrichtung für Erfolg.
- Ihre beste Himmelsrichtung für beste Gesundheit.
- Ihre beste Himmelsrichtung für die Ehe.
- Den Teil Ihres Hauses, den Sie meiden sollten.
- Den Teil Ihres Hauses, der Ihnen das größte Glück bringt.

Wie Sie dies feststellen und wie Sie dieses Wissen einsetzen, wird im Verlauf des Buches unter den jeweiligen Kapiteln behandelt werden.

Östliche und westliche Gruppen

Jeder Mensch gehört entweder der östlichen oder der westlichen Gruppe an. Im allgemeinen passen Menschen mit der gleichen Gruppenzugehörigkeit besser zueinander; so kommen Personen der östlichen Gruppe besser mit anderen Zugehörigen der östlichen Gruppe klar, gleiches gilt für Personen der westlichen Gruppe. Der nachfolgende Text hilft Ihnen, Ihre Gruppenzugehörigkeit festzustellen.

- Zugehörige der östlichen Gruppe haben die Gua-Zahlen Eins, Drei, Vier und Neun. Ihre vier günstigen Himmelsrichtungen sind Norden, Süden, Südosten und Osten. Jede von ihnen wird Angehörigen der östlichen Gruppe Glück bringen.
- Zugehörige der westlichen Gruppe haben die Gua-Zahlen Zwei, Fünf, Sechs, Sieben und Acht. Ihre vier günstigen Himmelsrichtungen sind Westen, Südwesten, Nordwesten und Nordosten. Wenn Sie der westlichen Gruppe angehören, dann wird Ihnen jede dieser Himmelsrichtungen Glück bringen.
- Die Himmelsrichtungen der östlichen Gruppe sind für Angehörige der westlichen Gruppe ungünstig und umgekehrt. Versuchen Sie, sich Ihre Gua-Zahl und auch Ihre Himmelsrichtungen einzuprägen, damit Sie in jeder Situation Ihre günstigen und Ihre ungünstigen Himmelsrichtungen kennen. Führen Sie einen Kompaß bei sich, und Sie haben die Möglichkeit, diese einfache Feng-Shui-Formel überall, wo Sie sich gerade aufhalten, anzuwenden.

Persönliches Wachstum

Die beste Methode, um Ihr Glück des persönlichen Wachstums zu aktivieren, besteht in der Verwendung der Bagua-Lo-Shu-Formel. Um die für Sie günstigste Himmelsrichtung herauszufinden – jene nämlich, die Ihre Entwicklung als Person am meisten fördert –, nehmen Sie mit Ihrer Gua-Zahl Bezug auf das Bagua der nach-himmlischen Reihenfolge (das Yang-Bagua). Der Einfachheit halber führt die nachfolgende Tabelle alle Gua-Zahlen mit ihren jeweiligen günstigsten Himmelsrichtungen auf.

Günstigste Himmelsrichtungen für Wachstum und Entwicklung

Ihre Gua-Zahl	*Himmelsrichtung*
1	Norden
2	Südwesten
3	Osten
4	Südosten
5	Südwesten für Männer, Nordosten für Frauen
6	Nordwesten
7	Westen
8	Nordosten
9	Süden

Anhand der Tabelle können Sie die für das Glück Ihrer persönlichen Erfüllung wichtigste Himmelsrichtung und Ecke in Ihrem Haus ermitteln. Dieses Glück ist jenes überwältigende Gefühl, das mit beruflichem und schulischem Erfolg einhergeht. Falls Sie Schüler oder Student sind, so wird Ihnen die Energetisierung dieser Himmelsrichtung helfen, leichter zu lernen, Ihre Konzentrations- und Lernfähigkeit verbessern und Sie vor allem mit der Motivation erfüllen, gute Ergebnisse zu erzielen.
Wenn Sie bereits einem Beruf nachgehen, so wird Ihnen die Energetisierung Ihrer Himmelsrichtung zu größerem Selbstvertrauen verhelfen und Ihnen Chancen bieten, um Ihre beruflichen Qualifikationen zu verbessern. Für alle, die mit irgendeiner Art Studium befaßt sind, ist dies die Himmelsrichtung, die eine Ausrichtung des persönlichen Qi-Flusses auf den Qi-Fluß der Umgebung ermöglicht.
Auch während der Meditation sollte man sich am besten

dieser Himmelsrichtung des persönlichen Wachstums zuwenden. Sie werden sehr viel rascher Ergebnisse erzielen und sich leichter konzentrieren können. Die Methode funktioniert, weil Sie sich genau in die Himmelsrichtung wenden, aus der Ihnen die für Sie günstigsten Energien zufließen.

Richtlinien für persönliches Wachstum

- Setzen Sie sich mit dem Blick in Ihre günstigste Himmelsrichtung an Ihren Schreibtisch. Sie müssen versuchen, sehr genau zu sein, und ich rate Ihnen, sogar einen Pfeil auf den Schreibtisch zu zeichnen, damit Sie dies nicht vergessen. Versuchen Sie, die günstigste Richtung anzuzapfen, wenn Sie lernen, wenn Sie Ihre Hausaufgaben machen oder sich auf Prüfungen vorbereiten. Sollte dies aus welchen Gründen auch immer nicht möglich sein, dann versuchen Sie wenigstens, mit dem Blick in eine der anderen günstigen Himmelsrichtungen zu sitzen.
- Stellen Sie Ihr Bett so, daß Ihr Kopf in Ihre günstigste Himmelsrichtung weist. Dann energetisieren Sie Ihr persönliches Wachstum nicht nur während des Tages an Ihrem Schreibtisch, sondern auch in der Nacht.
- Sorgen Sie dafür, daß Sie bei jedem wichtigen Gespräch in diese für Sie günstigste Himmelsrichtung blicken. Wenn Sie selbst in Ihre eigene beste Richtung blicken und die Person Ihnen gegenüber (durch einen unglücklichen Zufall) in die für sie ungünstigste, dann wird das Gespräch ganz und gar zu Ihren Gunsten verlaufen. Zu diesem Zweck sollten Sie immer einen kleinen Taschenkompaß bei sich tragen.

Methoden zur Verstärkung der Himmelsrichtungen

Es wäre gut, wenn Sie Ihrer Energetisierungstechnik noch eine weitere Dimension hinzufügten. Tun Sie dies, indem Sie das Feng Shui der fünf Elemente zur Anwendung bringen: Stellen Sie fest, welches Element die für Sie günstigste Himmelsrichtung repräsentiert, und hängen oder stellen Sie dann einen Gegenstand auf, der jenes Element symbolisiert, welches Ihr Element am besten unterstützt. Im folgenden finden Sie einige Beispiele, die jedoch lediglich als Vorschläge gedacht sind. Machen Sie sich Ihre eigene Kreativität zunutze, sobald Sie das Prinzip verstanden haben.

Westen oder Nordwesten

Das zu energetisierende Element ist Metall. Welches Element produziert Metall? Erde. Plazieren Sie also Objekte in Ihrer Blickrichtung, die Erde symbolisieren. Damit fördern Sie im übertragenen Sinne das Element, welches Ihr Glück energetisiert. Objekte, die für Erde stehen, sind alle Gegenstände aus Stein, Keramik, Glas, Kristall, Ton oder Sand. Ausgezeichnet wirken ein Kristall oder eine Vase aus Porzellan. Stellen Sie das Objekt etwa in einer Entfernung von drei Metern vor sich auf. Wenn Sie wollen, können Sie auch ein Bild etwa von einem kleinen Hügel verwenden. Hängen Sie jedoch kein Gemälde von einem Berg vor sich auf, auch wenn es das Element Erde repräsentiert. Mit dem Blick auf einen solchen gemalten Berg haben Sie eine Situation der Konfrontation geschaffen, die äußerst ungünstig ist. Es ist wichtig, das Gleichgewicht aufrechtzuerhalten. Vermeiden Sie Objekte, die dem Feuerelement zugerechnet werden könnten.

Osten oder Südosten

Das zu energetisierende Element ist Holz. Wasser bewirkt die Entstehung von Holz, folglich sollten Sie vor Ihrem Sitzplatz einen Gegenstand aufbauen, der Wasser symbolisiert. Dabei kann es sich einfach um ein mit Wasser gefülltes Behältnis handeln. Oder aber um ein Aquarium beziehungsweise um einen kleinen Springbrunnen. Für die Aktivierung des Glücks persönlichen Wachstums ist jedoch ein Bild von einer Wasserszene ausreichend, da Wasser selbst am besten Verwendung bei der Energetisierung von Reichtum findet. Grundsätzlich sei jedoch darauf hingewiesen, daß die Verwendung von Wasser immer günstig ist, vorausgesetzt, es geschieht auf die richtige Art und Weise. Vermeiden Sie Objekte, die dem Metallelement zugehörig sind.

Südwesten oder Nordosten

Das zu energetisierende Element ist Erde, die durch Feuer hervorgebracht wird. Stellen Sie also etwas Rotes direkt vor sich auf, etwa ein Bild, dessen hervorstechende Farben Rottöne sind. Oder aber Sie hängen rote Vorhänge beziehungsweise eine helle Lampe auf. Es ist auch glücksbringend, Gegenstände aufzustellen, die das Erdelement symbolisieren, da das Erdenglück in diesen beiden Sektoren besonders vielversprechend ist. Vermeiden Sie Objekte, die als Hinweis auf das Holzelement gedeutet werden könnten, da Holz Erde zerstört.

Norden

Das zu energetisierende Element ist Wasser. Das dazugehörige produzierende Element ist Metall. Plazieren Sie irgendeinen Gegenstand, der aus Metall (oder noch besser aus Gold) ist, vor sich – eine Stereoanlage, eine Wanduhr, klingende Glockenspiele –, um die Energien zu verstärken, die aus dem Norden zu Ihnen fließen. Dies wird alle Unternehmungen, die Sie in Angriff nehmen, um großes Glück bereichern. Vermeiden Sie Gegenstände, die dem Erdelement zugeordnet sind.

Süden

Das zu energetisierende Element ist Feuer, das durch Holz erzeugt wird. Am günstigsten wäre also eine Pflanze, die direkt vor Ihnen steht. Achten Sie darauf, daß sie gesund und grün aussieht. Eine Blütenpflanze wäre ebenfalls gut, da sie suggeriert, daß Sie zu erblühen beginnen. Die Chinesen glauben, daß das Glück des Schülers genau dann Blüten treibt, wenn er im Begriff ist, sich mit besten Noten bei der kaiserlichen Prüfung – vergleichbar mit heutigen Universitätsabschlüssen – zu bewähren. Dem Wasserelement zugeordnete Gegenstände sind zu vermeiden.

Einen privaten Ort des Rückzugs schaffen

Sobald Sie Ihre günstigste Himmelsrichtung und das zugehörige Element herausgefunden haben, sollten Sie darüber nachdenken, in Ihrem Haus einen privaten Ort des Rückzugs einzurichten, der allein für Sie bestimmt ist. Diesen Ort sollten Sie auf die günstigste Art ausstatten, damit Ihr persönliches Qi in Übereinstimmung mit dem Qi Ihrer Umgebung kommen und der Energiefluß dort harmonisch und im Gleichgewicht sein kann. Er sollte außerdem Ihre Konzentration, Ihre Kreativität und Ihre Meditation fördern. Folgende Punkte sollten Sie dabei beachten:

- Wählen Sie den Bereich Ihres Hauses aus, der mit der Himmelsrichtung übereinstimmt, die für Ihre persönliche Entwicklung am günstigsten ist. Verwenden Sie Ihre Gua-Zahl, um diese Himmelsrichtung zu ermitteln, und legen Sie den Kompaß in die Mitte Ihrer Wohnung, um diesen günstigsten Platz zu bestimmen.
- Stellen Sie das dazugehörige Element fest. Sollte sich in diesem Teil des Hauses ein Lagerraum, die Toilette oder die Küche befinden, dann kann dies einen gewissen negativen Einfluß auf das Glück Ihrer persönlichen Entwicklung bedeuten. In diesem Fall können Sie auch im Wohnzimmer oder Schlafzimmer die Ecke auswählen, die der günstigsten Himmelsrichtung entspricht, und dort Ihren Rückzugsort einrichten.
- Stecken Sie den Raum ab und reinigen Sie ihn durch eine der Reinigungsübungen, die wir im vorangegangenen Kapitel (Seite 66–68) vorgestellt haben, unter Zuhilfe-

nahme entweder von Räucherwerk oder Glöckchen. Reinigen Sie die Energie sorgsam, damit alle energetischen Überreste vergangener Aktivitäten symbolisch ausgeräumt sind.

- Statten Sie die Ecke mit den Farben aus, die mit dem Element, das Ihrer günstigsten Himmelsrichtung zugehört, harmonisieren. Diese Farben können sich an den Wänden wiederfinden oder aber durch Vorhänge, Teppiche oder Kissen eingebracht werden.
  - Alle Rottöne stehen für das Feuerelement und eignen sich für den Süden, Südwesten und Nordosten.
  - Alle Grün- und Brauntöne repräsentieren das Holzelement und eignen sich für den Osten, Südosten und Süden.
  - Alle Schwarz- und Blautöne symbolisieren das Element Wasser und eignen sich für den Norden, den Osten und Südosten.
  - Alle Weißtöne und Metallicfarben stehen für das Metallelement und eignen sich für den Westen, Nordwesten und Norden.
  - Alle Ockertöne versinnbildlichen das Element Erde und eignen sich für den Südwesten, den Nordosten, den Westen und Nordwesten.
- Schließlich energetisieren Sie die Ecke, indem Sie dort ein Objekt plazieren, welches das Element dieser Himmelsrichtung symbolisiert. Im Westen und Nordwesten könnte es sich um ein Metallglöckchen oder um ein Glockenspiel aus Metall handeln. Im Südwesten oder Nordosten wollen Sie vielleicht einen Kristall und im Süden ein helles Licht aufhängen. Im Südosten und Osten wäre eine gesunde, üppige Pflanze angemessen und im Norden ein kleines Wassersymbol.

Im wesentlichen sollten Sie Ihren persönlichen Ort des Rückzugs als stillen Platz zum Nachdenken nutzen. Es empfiehlt sich, hier auch zu lernen oder zu meditieren. Sitzen Sie mit dem Blick in Ihre günstigste Himmelsrichtung, um beste Energien zu empfangen.

Die Barrieren des Selbst überwinden

Vollziehen Sie keine der oben beschriebenen Handlungen, wenn Sie skeptisch sind oder an ihnen zweifeln. Zwar müssen Sie an Feng Shui nicht glauben, damit es funktioniert, doch wenn Sie starke Zweifel haben, dann reichern Sie Ihre Umgebung unwissentlich mit negativen Energien an. Der Geist hat wirklich große Macht, und wenn Sie von Ungläubigkeit und Skepsis erfüllt sind, dann wirkt dies wie unsichtbare Giftpfeile, die sich in all die Maßnahmen bohren, die Sie ergriffen haben, um die Energien dieses Ortes günstig zu beeinflussen. Unglaube und Zweifel verströmen den tödlichen Hauch, der all die bereits geschaffene Harmonie wieder in Frage stellt. Denken Sie daran, daß es im Feng Shui um die Manipulation von Energien in Ihrem Lebensumfeld geht und daß es keine größere Quelle positiver wie negativer Energie gibt als Sie selbst.

Menschen stoßen große Mengen Qi aus, das starken Einfluß auf ihre Umgebung nimmt. Daher ist es ratsam, daß Sie zunächst daran arbeiten, die Barrieren des Selbst zu überwinden, bevor Sie weiter voranschreiten. Sollten Sie von der Wirksamkeit des Feng Shui nicht überzeugt sein, dann ist es besser, zunächst bei den einfachen Techniken des Energetisierens zu bleiben. Sehen Sie Feng Shui erst einmal bei der Arbeit, und spüren Sie die Leichtigkeit, die ein Zimmer mit einem guten Feng Shui ausstrahlt, bevor Sie sich an so fortgeschrittene Dinge wie die Schaffung eines privaten Orts des Rückzugs machen.

Die Barrieren des eigenen Selbst zu durchbrechen verlangt von Ihnen, Ihre Intelligenz einzusetzen, um die Praxis des Feng Shui logisch zu durchdenken. Gehen Sie entspannt mit Ihrer Skepsis um. Feng Shui ist keine Religion, an die man glauben muß. Doch sollten Sie davon überzeugt sein, daß es sich um etwas handelt, das in die Praxis umzusetzen sich lohnt. Es ist besser, Feng Shui gegenüber eine neutrale, gleichgültige Haltung einzunehmen, als sich verkrampft damit auseinanderzusetzen. Feng Shui ist nicht dazu in der Lage, Ihnen sofort einen Lottogewinn zu bescheren oder Ihnen über Nacht Erfolg zu verschaffen. Es ist unsinnig, für jedes bißchen Unglück ein schlechtes Feng Shui verantwortlich zu machen, ebenso wie es lächerlich ist, alles Glück allein auf Feng Shui zurückzuführen. Vergessen Sie nicht, daß Feng Shui nur für ein Drittel Ihres Glücks zuständig ist.

Betrachten Sie Feng-Shui-Glück als den strategischen Bestandteil Ihres Schicksals, auf den Sie Einfluß nehmen können. Richten Sie Ihr Umfeld nach den Vorgaben des Feng Shui ein, und lehnen Sie sich dann zurück in Erwartung des Erfolgs oder Glücks, das zu Ihnen kommen wird. Vergessen Sie die Maßnahmen, die Sie ergriffen haben, um Ihr Feng Shui zu energetisieren. Entspannen Sie sich einfach, und kehren Sie zu Ihrem Alltag zurück ... und ein Jahr später ziehen Sie Bilanz, ob Sie als Mensch gewachsen sind und ob Sie sich insgesamt besser fühlen. Wenn es sich um ein Jahr handelte, in denen Prüfungen zu bestehen waren, dann stellen Sie fest, ob Ihre Noten besser geworden sind. Und wenn es ein beruflich wichtiges Jahr war, dann finden Sie heraus, ob es Ihnen Veränderungen zum Positiven gebracht hat.

Wenn Sie dann mit den spürbaren und sichtbaren Ergebnissen zufrieden sind, dann können Sie sich fortgeschritteneren Feng-Shui-Methoden zuwenden, die Ihnen sogar noch größeres Glück und noch mehr Erfolg einbringen. So durchbricht man die Barriere aus negativen Energien, die das Selbst unbeabsichtigt produziert.

Blockaden in Ihrem Umfeld auflösen

In Ihrer unmittelbaren Umgebung sind Blockaden vorhanden, die durch drei greifbare beziehungsweise nicht greifbare Kräfte bewirkt werden:

- Die Energien materieller, physischer Objekte und Strukturen.
- Die Energien von Klängen und Sprache.
- Die Energien des Geistes.

Mit den Energien physischer Objekte kann man am leichtesten fertig werden, da man Gegenstände bewegen und neu anordnen kann, um ihren Energien einen harmonischen und günstigen Fluß zu ermöglichen. Die Faustregel lautet, daß diese Energien in einen langsamen, sanften Bögen folgenden Fluß versetzt werden sollten. Energien dürfen niemals schnell und geradeaus fließen. Große Möbelstücke, Pfeiler oder Balken dürfen nicht bedrohlich und bedrängend wirken. Sonst erzeugen sie ein Gefühl der Feindseligkeit, welches das Qi zum Erstarren bringt und blockiert.
Der Bewegungsfluß im Inneren des Hauses möge frei von vorstehenden scharfen Ecken und schweren, frei sichtbaren Deckenbalken sein. Wenn ein Pfeiler den Fluß scheinbar

blockiert, dann könnten Sie seine Kanten mit Pflanzen abmildern oder ihn mit Spiegeln symbolisch unsichtbar machen. Falls umherliegende Gegenstände den Fluß des Qi blockieren, dann räumen Sie sie fort. Sind die Räume mit Möbelstücken überfüllt, dann entfernen Sie einige von ihnen. Wackelige Möbelstücke sollten Sie so bald wie möglich reparieren, verstopfte Abflüsse vom Klempner instand setzen lassen. Sorgen Sie dafür, daß der Energiefluß in Ihrem Heim allzeit gleichmäßig ruhig ist. Das ist das Geheimnis des Feng Shui.

Der Reichtum der Anerkennung

»Welchen Nutzen hat schon Erfolg,
Reichtum und Macht ...
wenn das eigene Leben ohne alle Ehre ist.
Ein guter Name bringt Anerkennung.
Er macht den überlegenen Menschen aus.«

Gemäß der chinesischen Tradition ist das Leben bedeutungslos, wenn man keinen guten Namen hat. Der größtmögliche Reichtum manifestiert sich folglich, wenn man über einen ehrenhaften und im höchsten Maß respektablen Ruf verfügt. Dementsprechend steht im Zentrum des wirklichen und bedeutsamen Erfolges die Anerkennung. Feng Shui spricht dies in seiner Kategorisierung der acht Arten von Glück, die von der Menschheit angestrebt werden, direkt an.

Wenn jemand einer Familie entstammt, deren Name weithin respektiert und deren Patriarch oder Familienvorstand von der Gesellschaft als Person mit lauterem Ruf geachtet wird, dann empfindet man den Betreffenden als sehr reich. Alle großen chinesischen Klassiker und vor allem das *Buch der Wandlungen,* das *I Ging*, nehmen immer wieder Bezug auf die überragende Persönlichkeit, als wollten sie damit zum Ausdruck bringen, daß die einzig erstrebenswerte Verhaltensweise darin besteht, sich einen ehrenhaften, rechtschaffenen und ehrlichen Ruf zu erwerben. Dies bringt den großen Reichtum umfassender Anerkennung mit sich, der für sich wiederum seine eigene Art überwältigender Fülle beinhaltet. Geld alleine ist wertlos ohne einen guten Namen, und all die anderen Bestrebungen des Lebens – Gesundheit, Familie, Erfolg und so weiter – scheinen ebenfalls leer ohne den Reichtum, den ein guter Name schafft.

Es überrascht daher also nicht, daß eine der entscheidenden Manifestationen des Glücks, auf die Feng Shui sich konzentriert, das Erlangen eines guten Rufs ist. Das macht es erforderlich, die Energie zu aktivieren, welche die Anerkennung Ihrer Leistungen und Ihrer Eigenschaften fördert. Das Qi guten Glücks wird beeinflußt, um Sie ganz allgemein auf Ihre positiven Qualitäten aufmerksam zu machen und sie anzuerkennen. Das verschafft Ihnen den Respekt Ihrer Altersgenossen und Kollegen und damit schließlich umfassende Anerkennung, Ruhm und Reichtum.

Diese Art Glück wird vor allem von solchen Menschen benötigt, die in der Unterhaltungsindustrie oder in politischen Berufen tätig sind – Sänger, Tänzer, Politiker und Schauspieler, sie alle müssen diese Art Feng-Shui-Glück energetisieren. Geschäftsleute und Unternehmer benötigen ebenfalls das Glück der Anerkennung. Im Geschäftsleben ist ein guter Ruf heutzutage alles. Wenn Sie von der Gesellschaft nicht als rechtschaffene Person anerkannt werden, dann ist es in der Tat für all Ihre Zielsetzungen schwierig, Verwirklichung zu finden. Die Leute wollen einfach keine Geschäfte mit Menschen machen, die einen schlechten Ruf haben.

Anerkennung ist die grundlegende Voraussetzung für Erfolg. Es gibt so viele Menschen, die ebenso talentiert sind, ebenso hart arbeiten und sogar ebenso gute Referenzen haben wie ihr Gegenüber, der wirklich Großes leistet. Was den sehr Erfolgreichen vom weniger Erfolgreichen und den weniger Erfolgreichen vom Erfolglosen unterscheidet, obgleich sie alle über die gleichen Fähigkeiten verfügen und ebenso hart arbeiten, um ihre Ziele zu erreichen, ist das Glück der Anerkennung. Für den Gewinner arbeiten immer zwei Faktoren. Einer ist seine Entschlossenheit, die so ausgeprägt ist, daß der Geist positive Energien aussendet, die wiederum Erfolg anziehen. Dies ist der Prozeß, in dem er sich das Menschheitsglück vor den Wagen spannt.

Der andere Faktor ist der Besitz eines guten Feng Shui, das er erlangt, indem er sich das Erdenglück zunutze macht und damit über einen weiteren, jedoch unsichtbaren Vorteil verfügt. Manchmal machen Sie sich das Glück der Anerkennung sogar ohne Ihr Wissen nutzbar. Dies kann geschehen, weil Sie zum Beispiel ein sehr helles Licht in der richtigen Ecke Ihres Büros oder Zuhauses haben, welches das Glück der Anerkennung energetisiert.

Viele, die begabt sind, fallen in die Bedeutungslosigkeit zurück, weil niemand sie entdeckt oder ihre Talente ausreichend anerkennt, um ihnen eine Chance zu geben. Dies gilt durch die Bank für alle Berufe. Je anerkannter jemand ist und je mehr Respekt er oder sie verdient, desto größer sind seine oder ihre Erfolgsaussichten. Aus diesem Grund sagen die Chinesen von einer Person, die außerordentlich erfolgreich ist, das sei jemand, der sich des großen Reichtums erfreut, ein Leben zu führen, das ausgeprägt yang ist. Diese Vorstellung hat ihre Wurzeln in der Annahme, daß es die kostbare Yang-Energie sowohl der Person als auch der Umgebung ist, die Männer und Frauen zu großen, sichtbaren Leistungen treibt.

Damit wird Bezug genommen auf die helle und lebendige Seite der Yin-Yang-Kosmologie, in der das gesamte Universum zum Ausdruck kommen soll. Yin und Yang sind zwei Pole des kosmischen Existenzspektrums. Die Energien von Yin und Yang sind Gegensätze, doch sie stellen sich einander nicht entgegen. Vielmehr ergänzen sie sich gegenseitig, wobei das eine dem anderen die Existenz überhaupt erst ermöglicht. Yin beschreibt die dunklen Stimmungen des Lebens und symbolisiert Untätigkeit und Tod, während Yang die helle Seite der Existenz, Aktivität und Wachstum bedeutet. Yang, so heißt es, ist dynamisch und warm, und die mit ihm verbundene Stimmung symbolisiert alles, was im Leben üppig und kraftvoll ist.

Ein yang-geprägtes Leben ist ein reiches Leben. Gutes Feng Shui bewirkt ein optimales Gleichgewicht von Yin und Yang. Um dies zu erreichen, benötigen die Häuser der Lebenden mehr zusätzliches Yang als Yin. Doch sollte Yin niemals in einem solchen Maß überlagert werden, daß es vollkommen verschwindet. Wenn Yin gar nicht mehr vorhanden ist, dann löst sich auch Yang auf, denn eines kann ohne das andere nicht sein. Das richtige Gleichgewicht von Yin und Yang ist also eine Gratwanderung, die feinster Abstimmung bedarf. Es ist wichtig, über starke Yang-Energie zu verfügen, doch zugleich müssen Sie auch dafür sorgen, daß ausreichend Yin vorhanden ist.

Das Trigramm des Ruhms

Das Trigramm, welches für Ruhm und Anerkennung steht, ist das Trigramm Li, das aus einer gebrochenen Linie zwischen zwei ungebrochenen besteht. Dieses Trigramm wirkt nach außen stark, ist im Inneren jedoch weich und verletzbar. Auf diese Weise bringt es das zerbrechliche Wesen des guten Rufs zum Ausdruck. Außerdem symbolisiert Li zugleich die Helligkeit des Feuers und die Blendkraft der Sonne, Hitze und Aktivität. Es steht für den Ruhm und die Verherrlichung und für den Applaus der Massen. Dieses Trigramm ist Sinnbild für einen großartigen Menschen, der für den Fortbestand des Lichts

sorgt, indem er zu Berühmtheit aufsteigt. Der Name und Ruhm dieser Person wird die vier Ecken des Universums erleuchten, jedermann mit beispielhaften Leistungen und Errungenschaften blenden.
Letztlich ist Li auch ein Sinnbild für den Blitz und verschafft uns somit eine Vorstellung von der immanenten und flüchtigen Strahlkraft, für die es steht. Um dieses Trigramm in der Südseite Ihres Hauses zu aktivieren, können Sie die Zeichengruppe in die Decken- oder Türgestaltung beziehungsweise in Dekoration oder Möblierung einarbeiten.

Das Glück des guten Rufs aktivieren

Das Feng Shui des Glücks der Anerkennung erfordert eine Fülle von Yang-Energie, die auf unterschiedliche Weise erreicht werden kann. Es ist nicht schwierig, Yang-Energie herzustellen. In der Regel geschieht dies mit zwei Haupttechniken: der Verwendung des Feuerelements, insbesondere der Farbe Rot, und der Energetisierung der südlichen Ecke des Raums.
Basierend auf der nach-himmlischen Reihenfolge des Bagua, ist das Trigramm, das mit Anerkennung, Respekt und Ruhm assoziiert wird, das Trigramm Li. Es steht für das Element Feuer und symbolisiert im Yang-Bagua den Süden. Also repräsentiert der südliche Teil eines Hauses am besten einen guten Ruf und Ruhm. Wenn dieser Bereich des Hauses so gestaltet ist, daß in ihm gutes Feng Shui vorherrscht, dann profitiert der Hausherr (wie auch seine ganze Familie) von ausgezeichnetem Anerkennungsglück, das große Ehren und Auszeichnungen mit sich bringt.

Um das Feng Shui eines guten Rufes zu aktivieren, ist es am besten, in einen wunderbaren Kristalleuchter zu investieren und ihn im Süden aufzuhängen. Er energetisiert am wirkungsvollsten das Feng Shui für die Fülle der Anerkennung. Tatsächlich wird sein energetisierend wirkendes Licht, wenn Sie ihn den größeren Teil des Tages und der Nacht brennen lassen, nicht nur Ihren guten Ruf fördern, sondern auch Ruhm und Wohlstand mit sich bringen und dadurch die Fülle der Anerkennung schaffen, die allen Bewohnern dient. Ja, lassen Sie den Kristalleuchter auch ein paar Stunden lang während des Tages brennen. Dies erzeugt sehr wirkungsvolle Yang-Energie, die den Haushalt mit wunderbarem Reichtum erfüllt. Machen Sie sich wegen der zusätzlichen Stromkosten keine Sorgen. Das Erfolgsglück, das der Kristalleuchter Ihnen zuführt, wird mehr als ausreichen, um hierfür aufzukommen.

Eine zweite Möglichkeit, um das Glück des guten Rufs zu aktivieren, besteht darin, die südliche Wand des Hauses in einem leuchtenden Rot zu streichen. Sollte sich Ihr Büro in diesem Teil des Hauses befinden, dann könnten Sie die Wände dieses Raums in einem strahlenden Zinnoberrot anmalen. Rot ist eine äußerst wirkungsvolle Yang-Farbe, die immer mit dem Glück eines guten Rufs assoziiert wird. Wenn Sie nicht wollen, daß Ihr Zimmer ganz und gar rot ist, dann entscheiden Sie sich vielleicht statt dessen für eine rote oder rötlichbraune Bürotür. Auf den ersten Blick mag Ihnen dies vielleicht etwas kraß vorkommen, aber wenn Sie es getan haben, dann wird Sie der Energiestrom in Erstaunen versetzen. Das ist die Yang-Energie, die Ihre Sinne zu neuem Leben erweckt.

Um dieses Gefühl zu steigern, können Sie auch einen Knallkörper aufhängen, der viel Lärm symbolisiert. Die Chinesen befestigen solche Knallkörper zum Wechsel des Mondjahres über ihren Eingangstüren, denn sie besitzen ein ausgeprägtes

Yang. Und da laute Geräusche immer mit dem Krachen des Donners assoziiert werden, der wiederum für das Aufsteigen einer Person zu Berühmtheit steht, stellen sie einen ausgezeichneten Antrieb dar, um das Glück der Anerkennung aktiv zu fördern.

Können Sie keinen dieser Vorschläge umsetzen, dann haben Sie schließlich noch die Möglichkeit, ein Bild oder ein Gemälde mit einem Sonnenaufgang oder mit voll erblühten Sonnenblumen aufzuhängen. Dabei müssen Sie darauf achten, daß blühende Sonnenblumen für Reichtum, verblühende Sonnenblumen jedoch für eine verblassende Reputation stehen. Das gleiche gilt, wenn man frische Blumen aufstellt. Solange sie frisch sind, sind die Blumen sehr stark yang, doch sobald sie zu welken beginnen, werden sie yin und müssen fortgeworfen werden. Aufgrund dieser Tatsache ist es letztlich einfacher, ein Bild aufzuhängen oder falsche Blumen aufzustellen. Doch gilt zugleich, daß das Echte immer besser ist. Sie müssen eben sorgfältig darauf achten, das Wasser und die Blumen rechtzeitig zu wechseln.

Schlechtem Feng Shui entgegenwirken

Sollte in der südlichen Ecke ein schlechtes Feng Shui vorherrschen, dann wird sich mit ihm Unglück durchsetzen, und die Bewohner des Hauses werden Mühe damit haben, den Respekt Gleichrangiger einzufordern. Die Leute werden auf sie herabblicken, egal, wie sehr sie sich auch darum bemühen, Anerkennung zu finden. Manchmal, wenn das Feng Shui des Südens stark belastet ist, kann der Ruf des Familienoberhaupts ernsthaft geschädigt werden, wenn er sich etwa in einem Skandal verstrickt oder, was noch schlimmer wäre, eines Verbrechens überführt wird und damit große Schande über den Namen der Familie bringt. Eine beeinträchtigte südliche Ecke veranlaßt im allgemeinen die Feinde einer Familie dazu, schlecht über sie zu sprechen. Die Atmosphäre wird von schlechten Gefühlen beherrscht.

Die südliche Ecke ist dann ernstlich geschädigt, wenn sie von Yin-Energien überwältigt und hart von Shar Qi, dem tödlichen Hauch, getroffen wird. Zu viel Yin im Süden kann verursacht werden, wenn dort zu viele Symbole des Wasserelements vorhanden sind. Wenn zum Beispiel ein Übergewicht von Blau und Schwarz – den Farben des Wassers – unter Ausschluß von Yang-Farben vorherrscht, dann sagt man, daß die Energie sehr stark yin ist. Ist der Raum überfüllt, dann haben sich gleichfalls die Yin-Energien gegenüber den Yang-Energien durchgesetzt. Auch wenn sich an diesem Ort eine Toilette befindet, die häufig benutzt wird, ist das Glück des Südens betroffen. Wenn außerdem der Patriarch sein Schlafzimmer im Süden hat, dann ist Unglück im Zusammenhang mit seinem Ruf die Folge. Möglicherweise hat der Hausherr nur den Ruf, schwierig oder dickköpfig oder nur wenig für die Teamarbeit geeignet zu sein; doch häufig kommt das Unglück auf dramatischere Weise zum Ausdruck.

Wie es sich letztlich offenbart, hängt außerdem noch von anderen Faktoren ab, beispielsweise vom Himmelsglück des Hausbesitzers, von seinem Horoskop und von dem kollektiven Himmelsglück der Familie. Buddhisten glauben an die Existenz eines Karmas. Wenn also großes Unglück eintritt, vor allem wenn es mit der Zerstörung des guten Namens einhergeht, dann wird dies als Hinweis auf ein reifendes negatives Karma betrachtet.

Der tödliche Hauch wird durch die Anwesenheit von Giftpfeilen im Inneren des Hauses und vor allem in der südlichen Ecke verursacht. Dies kann auf eine Reihe von Ursachen zurückzuführen sein, doch die häufigsten sind die scharfen Kanten vorragender Ecken, Pfeiler und Mauern. Giftpfeile entstehen auch durch einen geraden und bedrohlichen Energiefluß – ausgelöst etwa durch drei in einer Reihe angeordnete Türen oder einen langen Gang, der in die südliche Ecke führt. Wenn diese unheilvollen Feng-Shui-Konstellationen nicht durch eine Verlangsamung des Energiestroms behoben werden, dann kann es sehr gut sein, daß sich diese Beeinträchtigung auf die südliche Ecke schädlich auswirkt. Für gewöhnlich sind Pflanzen und Glockenspiele, mit denen der Energiefluß gebremst und die Kanten der Ecken gebrochen werden, wirkungsvolle Hilfsmittel, um den tödlichen Hauch zu zerstreuen. Falls Sie Pflanzen verwenden, dann stellen Sie sie vor die Kanten von Pfeilern, um diesen ihre Schärfe zu nehmen. So nimmt die Pflanze den tödlichen Hauch der Ecke in sich auf. Da Pflanzen ebenfalls unter diesem beständigen Angriff tödlicher Energie leiden, ist es erforderlich, sie alle zwei bis drei Monate auszuwechseln.

Falls Sie Windspiele verwenden, um den Energiefluß in einem langen Gang zu verlangsamen, dann sollten sie aus insgesamt fünf Klangkörpern bestehen. Nur dieses fünfteilige Glockenspiel besitzt die Kraft, um tödlichem Qi entgegenzuwirken. Windspiele mit sechs, acht oder neun Klangkörpern werden zur Energetisierung beziehungsweise zur Schaffung von gutem Qi verwendet. Auf sie kommen wir noch zu einem späteren Zeitpunkt zurück.

Licht ist ebenfalls ein sehr wirkungsvolles Mittel, um schlechte Energie zu dämpfen. Ein gut ausgeleuchtetes Haus verfügt in der Regel über ein besseres Feng Shui als eines, das düster wirkt und in dem sich überall nur diffuses Licht ausbreitet. Bewohner solcher Behausungen leiden für gewöhnlich unter allen möglichen Gebrechen.

Durch Licht die Anerkennung aktivieren

Man kann Licht wunderbar dafür verwenden, die Art von Beleuchtung im Haus zu schaffen, die als mächtiger Magnet auf Anerkennung und das Glück des Ruhms wirkt. Das bedeutet nicht unbedingt, daß Sie den südlichen Teil Ihres Hauses ununterbrochen wie mit Scheinwerfern ausleuchten müssen. Tatsächlich halte ich gar nicht viel von solchen Strahlern, da sie eine Situation schaffen, in der Yang-Energie überwiegt. Spots blenden. Sie direkt anzusehen ist, als blicke man in die Sonne, die einen dann verbrennt. Wählen Sie Ihre Beleuchtung so, daß sie ein gutes Gleichgewicht von Yin- und Yang-Energie schafft.

Ich habe bereits meine große Vorliebe für Kristalleuchter erwähnt: Das Licht, das sich in den geschliffenen Kristallen bricht, erzeugt genau die erforderliche Art Energie. Jene, die sich solch kostspieliges Zubehör nicht leisten können, sollten lediglich darauf achten, daß die ganze südliche Ecke durch eine Deckenlampe gut beleuchtet wird. Günstig ist es, wenn das Licht aufwärts gerichtet ist, um ihm den Anschein sich nach oben bewegender Energie zu geben. Halten Sie die Decke möglichst in einem weißen Farbton, da dies ebenfalls ein Yang-Gefühl erzeugt. Weiß, Gelb und Rot sind die eigentlichen Yang-Farben.

Sollten Sie einen Garten haben, dann ist es gut, seine Südseite ausreichend zu beleuchten. In meinem Anwesen ist die Südseite des Gartens Tag und Nacht energetisiert, weil ich dort meine beiden Hunde halte. Ihr Bellen steht für Lebensaktivität und ausgezeichnete Yang-Energie. Das Licht auf der Südseite des Hauses lasse ich außerdem die ganze Nacht lang brennen. Ich benötige all diese Yang-Energie für meinen Erfolg als Autorin.

Die wertvolle Yang-Energie des Feuers

Die andere Manifestation von Yang-Energie, die sich ideal für den Süden eignet, ist die Gegenwart von Feuer. In Ländern der gemäßigten Zone, in denen der Winter durch die Kälte gewaltige Yin-Energie mit sich bringt, ist folglich die Plazierung von Kaminen und Öfen im Haus außerordentlich wichtig.

Die Südwand des Wohnzimmers ist der idealste und günstigste Standort für einen Kamin. Abgesehen davon, daß ein solcher Feuerplatz während der Yin-Wintermonate die gute Energie des Elements Feuer erzeugt, wirkt er auch als Verstärkung, welche das Glück der Anerkennung anzieht. An der südwestlichen oder nordöstlichen Wand ist ein Ofen ebenfalls günstig, weniger ratsam ist eine Plazierung an der Nordwand eines Zimmers.

Wenn Sie keinen Kamin haben, dann richten Sie an der Südwand einen Platz ein, um dort Kerzen aufzustellen. Ich habe einen kleinen Altar auf der Südseite meines Wohnzimmers, wo ich jeden Tag Lichtopfer darbringe, indem ich die Kerzen dort anzünde. Das Kerzenlicht ist den heiligen Gegenständen gewidmet, die in dieser Ecke des Zimmers aufgestellt sind, doch sie erzeugen darüber hinaus auch noch gute Yang-Energie, die meiner ganzen Familie dient. Falls Sie Kerzen verwenden, dann denken Sie bitte daran, daß offene Flammen immer mit Vorsicht gehandhabt werden müssen. Lassen Sie Ihre Kerzen niemals brennen, wenn sich niemand im Zimmer aufhält.

Den Phönix energetisieren

Der Süden ist außerdem der Ort des Phönix, eines der vier himmlischen Tiere des Feng-Shui-Pantheons. Der Phönix ist der König aller Tiere, die fliegen und sich in den Himmel erheben können. Wenn der Phönix symbolisch vor dem Haus mit Blick auf die Eingangstür plaziert wird, dann zieht er, so heißt es, das Glück guter Gelegenheiten an. Im Landschafts-Feng-Shui wird die Gegenwart des Phönix durch einen kleinen Felsblock vor der Tür signalisiert.

Vom Phönix wird angenommen, daß er so viel energetisierende Yang-Energie besitzt, daß er sich auch noch über die abscheulichsten Umstände erheben kann. Aus der Hitze von Feuer und Asche soll sich der Phönix in die Lüfte erheben. Diese Symbolik verleiht seinem Bild unglaubliche Macht, wenn es im Süden aktiviert wird. Wenn Sie an der Südwand Ihres Büros ein Bild von einem roten Phönix aufhängen, dann wird Ihre Arbeit Anerkennung finden, und Sie werden von dem außergewöhnlichen Glück des Ruhms profitieren. Auch im Wohnzimmer kann man dieses Mittel wirkungsvoll einsetzen, niemals jedoch im Schlafzimmer. Ein roter Phönix im Schlafzimmer macht Ihren Geist so aktiv, daß Sie keinen Schlaf finden werden.

Der Phönix läßt sich mit ebenso gutem Erfolg auch durch ein passendes anderes Tier ersetzen. Sollten Sie zum Beispiel im Jahr des Hahns geboren sein, dann können Sie ein Bild dieses stolzen Vogels aufhängen oder sogar eine entsprechende Keramikfigur im Süden Ihres Wohnzimmers aufstellen.

Tatsächlich ersetzt der Hahn den Phönix, der ein Geschöpf des Himmels ist, insbesondere dann sehr gut, wenn das Element Erde ebenfalls eine Rolle spielen soll. Der Hahn symbolisiert viele tugendhafte Eigenschaften. So ist der Kamm auf seinem

Kopf ein Zeichen literarischer Fähigkeiten und unterstellt eine Leidenschaft für akademische Bildung. Die Sporne an seinen Füßen symbolisieren Mut und Unerschrockenheit angesichts von Schwierigkeiten. Die Eigenschaft Zuverlässigkeit findet Ausdruck in der Tatsache, daß der Hahn nie darin versagt, den Beginn eines neuen Tages anzukündigen. Stellen Sie also einen Hahn in der südlichen Ecke Ihres Schreibtischs auf, um damit diese Tugenden darzustellen. Sie werden ohne Zweifel die Anerkennung Ihrer eigenen Qualitäten erreichen.

Ein weiterer Vogel, der als günstig angesehen wird, ist der wunderschöne, faszinierende Pfau. Mit den Federn dieses Tiers werden Errungenschaften symbolisiert, die etwas mit Anerkennung zu tun haben. Man glaubt, daß Pfauenfedern Ehrungen anziehen, die dem Patriarchen zuteil werden. Sollte Ihnen die Abbildung eines Pfauen nicht zugänglich sein, dann können Sie statt dessen ein paar Pfauenfedern in ein Blumenarrangement einarbeiten, das Sie in der südlichen Ecke aufstellen.

Der Reichtum des Erfolges

»Inneres Feng Shui fördert die Harmonie zwischen innerem Bewußtsein und der physischen äußeren Ebene deines persönlichen Lebensraums. Den Geist zu reinigen ist ebenso lebenswichtig wie die Reinigung des Lebensraums.«

Feng Shui hat sehr viel mit Erfolg und dem Weg zum Erfolg zu tun. Wenn Sie Ihren Lebensraum nach den Prinzipien des Feng Shui einrichten, dann umgeben Sie sich mit einer Aura des Erfolges, die Ihnen außerdem großen Reichtum bescheren wird. Von einer solchen Atmosphäre umgeben zu sein, bewirkt ein starkes Gefühl des Selbstvertrauens, das wiederum eine positive Gesamteinstellung fördert. Dies führt zu noch weiterem Erfolg. Es ist, als trete man in eine Spirale aufwärts gerichteter Bewegung ein. Dies erzeugt ein Glück, das sehr ansteckend sein kann und oft weiteres Glück bewirkt. Wenn Sie also Wohlstand und Freude in Ihr Leben bringen wollen, dann müssen Sie alles daransetzen, glücklich zu sein!

Leistungsorientierte Menschen lassen sich normalerweise von kleinen Unannehmlichkeiten nicht aus der Ruhe bringen. Sie haben das große Gesamtbild vor Augen und stören nur selten die Harmonie der sie umgebenden Energien, indem sie etwa einen Wutanfall bekommen. Diese geistige Einstellung ist ein Spiegelbild ihres unbewußten inneren Feng Shui, das sie so gut mit dem Feng Shui ihrer Umgebung im Gleichgewicht zu halten vermögen. Inneres Feng Shui setzt einen Zustand mentalen Gleichgewichts voraus, das mit Ruhe und Entspannung einhergeht. Meditation oder geeignete Visualisationen, die den inneren Geist beruhigen, können diese Geisteshaltung bewirken.

Energien des Erfolges sollten gleichermaßen im Inneren wie im Äußeren erzeugt werden; Ihr innerstes Selbst muß ein ebensolches Gleichgewicht zum Ausdruck bringen wie Ihre physische Umgebung. Die Praxis des Feng Shui, die diesen Zustand der Ausgeglichenheit im Äußeren zu kultivieren sucht, muß immer Hand in Hand mit dem Bemühen um innere Ausgewogenheit gehen. Das eine unterstützt das andere. Um das Qi des Erfolges in Ihren persönlichen Lebensraum hinein anzuziehen, sollten Sie eine entspannte und vertrauensvolle Einstellung haben.

Der erste Schritt zu solcher inneren Ausgewogenheit ist die verinnerlichte Klarheit darüber, was Ihnen persönlich Erfolg bedeutet. Es ist immer hilfreich, wenn Sie die Dinge durchdenken, bevor Sie sich auf irgend etwas einlassen. Wenn Sie sich ein genaues Bild von Ihren Zielen machen, dann tragen Sie dazu bei, Klarheit in Ihre Gedanken zu bringen, und können die verschiedenen Schichten und Dimensionen Ihrer Erfolgsgleichung deutlicher sehen.

Anfangs brauchen Sie sich keine Sorgen darum zu machen, wie Sie Ihre Ziele erreichen können. Es reicht aus, sich auf die erwünschten Endergebnisse zu konzentrieren. Die positiven Energien, die Ihr Geist erzeugt, werden sich immer fruchtbar mit den positiven Energien in Ihrer Umgebung verbinden. Die Kopplung dieser beiden Energieströme wird Ihnen helfen, Ihre Vorstellungen zu verwirklichen.

Die Erzeugung positiver Energien ist wie die Erschaffung von innerlichem Feng Shui. Es bedeutet, im Geist Bilder zusammenzustellen, die Ihnen einen Platz mitten auf der Bühne einräumen, wo Sie von den Vibrationen Ihres personalisierten Raums profitieren. Es ist hilfreich, wenn Sie außerdem sich selbst gegenüber starke positive Aussagen machen. Sie müssen an sich selbst glauben und an Ihre Fähigkeiten, Ihre Ziele zu verwirklichen. Nur dann wird sich Ihr inneres Feng Shui positiv mit dem Feng Shui Ihres Lebensraumes vereinen lassen. Bedenken Sie, daß die positiven Energien, die Ihr Geist erzeugt, äußerst wirkungsvoll sind. Doch dies gilt auch für seine negativen Energien. Wenn Sie also sich selbst nicht vertrauen und nicht an sich glauben, dann sabotieren Sie Ihre eigenen Bemühungen, welcher Art sie auch sein mögen.

Mit positiven Affirmationen, die bis in Ihren unbewußten Geist vordringen, stärken Sie Ihre inneren Erfolgsenergien sogar noch mehr. Denken Sie daran, daß jede positive Aussage eine Affirmation ist und daß es Ihnen freisteht, auf jede Weise, die Ihnen angenehm erscheint, diese Selbstprogrammierung anzuwenden.

Sie könnten sich daran gewöhnen, jeden Morgen oder am Abend, bevor Sie einschlafen, positive Affirmationen zu denken. Oder aber Sie arbeiten sie in Ihren Alltag ein. Wie auch immer Sie sich entscheiden, es geht darum, daß Sie sich Ihren Glauben an sich selbst bestätigen, daß Sie sich selbst davon überzeugen, ein erfolgreicher Mensch sein zu können – daß Sie den Erfolg sogar verdienen.

Gestärkt und entspannt durch diese täglichen Affirmationen, werden Ihnen die Praxis und die Lösungen des Feng Shui viel mehr Spaß machen. Folglich wird alles, was Sie vom Feng-Shui-Standpunkt aus tun, besser sein und dadurch Ihre Erfolgsaussichten erhöhen. Außerdem werden Sie alles, was Sie anpacken, mit einer gesunden Dosis positiver Energie durchdringen und damit die Wirkung und Potenz Ihrer Feng-Shui-Praxis beschleunigen. Wenn Sie auf diese Weise vorgehen, dann bleibt für einen Fehlschlag einfach kein Spielraum mehr!

Erfolgsblockaden beseitigen

Ein entscheidender Bestandteil der positiven Programmierung ist das Ausmerzen aller negativen Energien, die zwischen Ihnen und Ihrem Erfolg stehen. Es gibt zwei ausgezeichnete Techniken, um Ihren Geist von den Blockaden zu befreien, die den Fluß Ihrer positiven Energien verhindern.

Bei der ersten geht es um einen »mentalen Frühjahrsputz«. Im Laufe der Jahre sammeln wir alle tonnenweise mentales Übergewicht an, das Blockaden in unserer Psyche verursacht. Diese Blockaden hindern uns daran, unsere Ziele zu erreichen, indem sie den Energiefluß nicht nur in uns selbst, sondern oft auch auf der physischen Ebene stören. Diese Blockaden wirken genauso wie der tödliche Hauch, und sie müssen aufgelöst werden, wenn unsere Energien in Fluß kommen sollen.

Wie aber entstehen mentale Blockaden? Oft werden sie durch unterdrückte Gefühle wie Angst, Schuld, Wut und Frustration verursacht, die ihren Ursprung wiederum in Enttäuschungen, dem Verlust eines geliebten Menschen und empfundenem Unrecht haben. Am meisten aber werden sie durch die beständige negative Programmierung gefördert, mit der die meisten von uns seit der Kindheit überschwemmt wurden, bis sie sich in uns aufgestaut hat. Wir glauben, daß die Welt kein sicherer Ort ist. Wir glauben, das Leben sei ein Kampf. Wir glauben, daß Leiden uns adelt. Wir glauben, daß es unser Schicksal ist, arm zu sein, daß es falsch ist, Spaß zu haben, daß Liebe gefährlich ist, weil sie uns Verletzungen zufügt. Wir glauben, daß die Politik ein schmutziges Geschäft ist, daß Geld die Wurzel allen Übels ist und das Leben an sich zum Scheitern verurteilt ist.

Dies sind Überzeugungen, mehr nicht. Es sind keine objektiven Wahrheiten. Sie kommen uns nur dann wahr vor, wenn wir glauben, daß sie wahr sind. Mentale Blockaden wie diese sind für gewöhnlich tief verwurzelt und äußerst negativ. Sie stellen emotionale Hindernisse dar, die unseren Geist unterwerfen und unsere natürliche Lebenskraft, unsere wesenhafte Yang-Energie unterdrücken. Sie werden sich all dem guten, zum Einsatz gebrachten Feng Shui entgegenstellen, es sei denn, wir werfen sie aus unserem Geist.

Sicherlich kann es kaum schwierig sein zu verstehen, wie solche emotionalen Blockaden das persönliche Gefühl der Selbstachtung schädigen. In gewissem Maße werden Wellen der Unsicherheit und Gefühle der Wertlosigkeit jeden potentiellen Erfolg niederdrücken, noch bevor er zur Tür hereingefunden hat. Sie wirken wie Barrieren, die das Haus daran hindern, die Erfolgsenergien zu akzeptieren, die hineingelangen wollen. Ursache hierfür sind Versagensängste, Furcht vor Spott und Verletzungen, die so stark sind, daß sie wie in Stein gehauen zu wirklichen Hindernissen des Erfolges werden. Sie wirken wie große Berge direkt vor der Eingangstür!

Um die Energien in Fluß zu bringen, müssen zunächst diese schweren Blockaden beseitigt werden, wir müssen unsere negativen Überzeugungen ausräumen. Um dies wirkungsvoll tun zu können, machen Sie sich klar, daß Ihre eigenen Vorstellungen und Haltungen Ihnen Beschränkungen aufzwingen. Identifizieren Sie das wahre Wesen Ihrer Ängste. Für gewöhnlich reicht es aus, sich auf einengende Vorstellungen zu konzentrieren und die mit ihnen verbundenen Gefühle zu akzeptieren, um diese negativen Einstellungen aufzulösen und zum Verschwinden zu bringen. So funktioniert der Befreiungsprozeß. Und indem er Sie von der ernstlichen Behinderung durch unsichtbare, aber mächtige Barrieren befreit, wirkt er wie Magie.

Ein solcher mentaler Frühjahrsputz hebt die Stimmung ungemein. Er transformiert Ihre Sicht von der Welt und von sich selbst. Er rückt alles, was Sie schon immer sein und haben wollten, in erreichbare Nähe. Sobald Sie zu dieser Einstellung gelangt sind, wird sich die Praxis des Feng Shui für Sie wie eine frische Brise anfühlen, und Sie werden ihre nützlichen Ratschläge nur zu gerne in die Tat umsetzen. Es wird Ihnen außerdem leichtfallen, Vorschläge zu verwerfen, die in Ihrem Zuhause einfach nicht durchführbar sind, ohne sich darüber irgendwelche Sorgen machen zu müssen.

Als Ergänzung zum mentalen Frühjahrsputz ist es gut, auch andere Hindernisse aus dem Weg zu räumen, denn wir schleppen noch eine Menge emotionaler Lasten mit uns durchs Leben. Damit meine ich insbesondere nachtragende Gefühle und energieraubende Gedanken. Sich mit Phantasien darüber zu beschäftigen, wie man es einem anderen heimzahlen kann, verbraucht unendlich viel Energie. Es ist ausgesprochen anstrengend, gegenüber den Menschen, die uns vermeintlich schlecht behandelt, geschadet, verletzt oder schlecht über uns geredet haben, negative Gefühle aufrechtzuerhalten.

Ja, es ist ohne Zweifel gerechtfertigt, daß Sie sich gekränkt fühlen. Ihr Zorn ist ein gerechter Zorn. Es fühlt sich richtig an, wütend zu sein. Doch lassen Sie mich Ihnen versichern, daß es sich besser anfühlt, zu vergeben und sich von solchen Gefühlen zu befreien. Vergebung bewirkt ein mächtiges Gefühl der Freiheit, weil sie wirkt, als habe man einen Damm von unterdrückten negativen Emotionen eingerissen. Viele Menschen empfinden diesen Prozeß als wunderbar, weil er sie von der Last angestauter Feindseligkeiten befreit. Manche haben die Erfahrung tatsächlich so empfunden, als habe man ihnen eine schwere Last von den Schultern genommen.

Diese Art mentaler Reinigungsübung führt häufig zur wunderbaren Auflösung aller physischen Barrieren und Hindernisse, auch wenn dies der Logik widerspricht. Ich erinnere mich daran, daß im Garten meines Nachbarn einmal ein Baum wuchs, der sich als schädlicher Giftpfeil auf meine Eingangstür richtete. Ich ärgerte mich außerordentlich über den Baum, und ich spürte, daß er mir seinen tödlichen Hauch schickte. Da ich eine persönliche Aversion gegen die Verwendung des Bagua-Spiegels habe, entschloß ich mich, ein Glockenspiel über meine Tür zu hängen, um wenigstens einen Teil der schädlichen Energie zu zerstreuen. Als ich das getan hatte, beschäftigte ich mich nicht mehr weiter mit dem Baum. Ich verabschiedete mich mental von ihm und weigerte mich, dem Baum noch weiter negative Gefühle entgegenzubringen. Glauben Sie es oder nicht, aber innerhalb von zwei Monaten fing dieser Baum, der mir so viel Kopfzerbrechen bereitet hatte, an zu welken, wurde braun und starb!

Sie könnten sich jetzt fragen, ob es das Glockenspiel oder mein mentales Loslassen war, das der Angelegenheit ein Ende bereitete. Ich meine, es war die Kombination aus beiden – indem ich losließ, wurde der tödliche Hauch abgelenkt, und das Windspiel schickte physisch die negative Energie zurück, die dennoch bis zu meiner Tür gelangte.

Was ist für Sie Erfolg?

Bevor wir uns damit beschäftigen, wie nach Feng Shui ein Raum zu gestalten ist, um Erfolg herbeizuführen, müssen wir uns noch einer anderen Sache zuwenden. Dabei geht es um das mentale Hinausfegen jeglicher negativen Energien, die Ihnen von Mitspielern in Ihrem Erfolgsszenario geschickt werden. Damit fördern Sie zugleich die möglichen positiven Energien der Menschen, die Ihnen auf Ihrem Weg zum Erfolg vielleicht helfen können.

Reinigungsübung

Schicken Sie im Rahmen dieser Reinigungsübung jedem, von dem Sie annehmen, daß er Grund hat (oder auch nicht), Sie zu verabscheuen und Ihnen daher zu schaden, Symbole der Liebe und des Friedens und Wohlwollens. Visualisieren Sie einen Schwarm weißer Tauben, Herzen und sogar Küsse, die von Ihnen zu Ihren Feinden fliegen. Öffnen Sie Ihren Feinden Ihr Herz, und spüren Sie dann den Rausch der Erleichterung.

Bei verhärteten und schwierigen Feindschaften möchten Sie vielleicht das folgende Ritual ausprobieren: Schreiben Sie die Namen dieser Personen auf ein Blatt Papier, und benennen Sie, wenn Sie wollen, die Ursache und das Wesen Ihrer Feindschaft. Es kommt häufig vor, daß allein schon das Aufschreiben solcher Details eine neue Perspektive auf die Angelegenheit eröffnet. Dann lassen Sie geistig los, indem Sie das Blatt Papier fortwerfen oder, wenn Sie eine stärkere Erfahrung bevorzugen, es verbrennen und entsprechend mit Yang-Energie durchtränken.

Wenn bei einem solchen Akt geistiger Blockadenauflösung Dritte anwesend sind, dann trägt dies dazu bei, den Weg für die Hilfe des Kosmos und damit alle Wege zum Erfolg frei zu machen.

Im wesentlichen geht es hierbei um das, was wir im Feng Shui als »Teufels-« oder »Himmelsmenschen« in Ihrem Leben bezeichnen. Für gewöhnlich hängt der Erfolg von Einzelpersonen oder Gemeinschaften von dem Ausmaß an Sabotage oder Hilfe ab, das von Teufelsmenschen oder Himmelsmenschen beigesteuert wird. Beim Erfolg kommt es oft auf die Billigung, die Zustimmung oder die Hilfe von Menschen an, die für oder gegen einen sind. Jeder Mensch hat seinen gerechten Anteil an Bewunderern und Feinden. Es ist also ratsam, sich einer Reinigungsübung (siehe Kasten) zu unterziehen, um die negativen Energien der Teufelsmenschen zu zerstreuen.

Die Definition dessen, was Erfolg für Sie bedeutet, ist der nächste Schritt, um Ihren Geist auf Erfolgskurs zu bringen. Die beste Methode, sich über die eigenen Gedanken Klarheit zu verschaffen, ist, sich hinzusetzen und systematisch alles aufzuschreiben, was Sie vom Leben erwarten. Es ist nicht nötig, dabei zu kompliziert oder tiefgründig zu sein. Bringen Sie Ihre Bestrebungen einfach und aufrichtig zum Ausdruck. Formulieren Sie sie klar, und ordnen Sie sie nach Prioritäten, und kategorisieren Sie Ihre Definitionen von Erfolg unter prägnanten Überschriften. Solche Stichworte könnten sein: Geld, Karriere, Lebensstil, Beziehungen, Freizeit, Familie, persönliches Wachstum, Liebe, Macht, Besitz, Anerkennung, bestimmte Leistungen, Gesundheit, Schönheit etc.

Dies sind nur Vorschläge dafür, in welchem Zusammenhang man Erfolg sehen kann, und der durchschnittliche Mensch wird vermutlich den meisten Punkten in dieser Liste zustimmen. Doch wenn Sie diese Begriffe nach Ihrer Wichtigkeit ordnen wollen, wird es etwas schwieriger. Nehmen Sie sich Zeit, um über die Reihenfolge Ihrer Prioritäten nachzudenken, dann können Sie mit Feng Shui Erfolgsglück erreichen.

Die Feng-Shui-Praxis kann sehr exakt und zielgerichtet sein, und es gibt Situationen, in denen Sie eine Entscheidung darüber treffen müssen, welche Art Erfolgsglück Sie aktivieren wollen. Vielleicht ist es einmal nicht möglich, zwei Arten von Erfolg gleichzeitig zu haben, und Sie müssen wählen. Zum Beispiel haben Sie in der Kompaßschule des Feng Shui vier gute Himmelsrichtungen, unter denen Sie auswählen können und von denen eine jede für eine andere Art Erfolg steht. Sie können Ihre Schlafposition nur nach einer Himmelsrichtung ausrichten und müssen sich also entscheiden, welche Himmelsrichtung dem, was Sie wollen, am ehesten entspricht. Vor die gleiche Entscheidung sind Sie gestellt, wenn es darum geht, einen Raum zu Ihrem Büro oder einen anderen zu Ihrem Schlafzimmer zu machen, da verschiedene Standorte unterschiedliche Arten des Glücks bewirken.

Ist Ihre Gua-Zahl etwa eins und Ihr gegenwärtiges Thema lautet persönliches Wachstum, dann sollten Sie, wie es auf den Seiten 84–86 beschrieben wird, die Energie des Nordens anzapfen. Möchten Sie sich hingegen Ihr Sheng Qi oder die Himmelsrichtung zunutze machen, die für Erfolg und Reichtum steht, dann müssen Sie sich nach Südosten orientieren (siehe Seite 120–124). Für gute Gesundheit ist der Osten günstig (siehe Seite 137–139), und um die Fülle der Liebe zu bewirken, sollte der Süden verstärkt werden (siehe Seite 168–171). Wenn Sie alles, was Sie vom Leben erwarten, bewußt planen, dann wohnt diesem Vorgang bereits eine Festlegung inne. Damit wird der Prozeß um wichtige Erfolgsenergien bereichert.

Nun, da Sie sich über Ihre Gedanken Klarheit verschafft haben, folgen einige entscheidende Feng-Shui-Techniken, um das Qi des Erfolgs herbeizurufen. Sie können auch zu dem Kapitel vorblättern, das Ihre Ziele am besten wiedergibt.

Erfolg durch die Eingangstür

Der vermutlich wichtigste Teil Ihres Hauses, dem Sie sich im Sinne von Feng Shui widmen müssen, ist Ihre Eingangstür. Sie stellt das Kou oder den »Mund« Ihrer Yang-Behausung dar. Dort sammelt sich nicht nur das ganze für Ihr Heim bestimmte gute Qi des Reichtums, es tritt auch dort ein.

Die Eingangstür ist jene, durch die Sie das Haus oder die Wohnung am häufigsten betreten und wieder verlassen. Es ist nicht ein Tor vor dem Haus und auch kein Nebeneingang. Falls ein Tor den Zugang zu Ihrem Grundstück regelt, so ist auch dies von Bedeutung und sollte entsprechend geschützt werden, doch müssen Sie Ihre Aufmerksamkeit vor allem auf die Eingangstür richten. Falls Sie in einer Wohnung leben, dann geht es nicht um die Tür, die in das Gebäude führt, in dem sich Ihre Wohnung befindet. Sie sollte allerdings auch betrachtet werden, da alle Parteien von negativen Auswirkungen betroffen sind, falls sie belastet ist.

Versuchen Sie so viele Richtlinien der nachfolgenden Zusammenstellungen wie möglich zu beachten. Wenn Sie sicher sind, daß Ihre Eingangstür auf keine Weise von negativen Energien heimgesucht wird, dann können Sie sich mit den unterschiedlichen Methoden beschäftigen, um Ihre Eingangstür für den Reichtum des Erfolges zu energetisieren. Doch darf Ihre Tür hierzu wirklich in keiner Weise belastet sein. Denn keine Maßnahme zur energetischen Aufladung hat Sinn oder kann funktionieren, wenn sie von schlechten Energien getroffen wird.

Durch Ihre Eingangstür können Sie wunderbar die Himmelsrichtung Ihres Erfolgs anzapfen. Diese Methode basiert auf der Formel aus der Kompaßschule des Feng Shui, die wiederum auf Ihrer Gua-Zahl beruht. Anhand Ihrer Gua-Zahl (siehe Seite 82) können Sie in der Tabelle auf Seite 124 Ihre Sheng-Qi-Himmelsrichtung feststellen. Das ist die für Sie im Hinblick auf Erfolg und Reichtum günstigste Himmelsrichtung. Ist Ihre Haustür so ausgerichtet, daß sie sich direkt auf diese Himmelsrichtung hin öffnet, wird Ihnen eine Fülle von

Richtlinien für ein gutes Feng Shui von Eingangstüren

- Eingangstüren sollten von solider Bauart sein und nicht aus Glas oder anderen durchsichtigen Materialien bestehen.
- Türen mit zwei Flügeln sind in der Regel einflügeligen Türen vorzuziehen. Wenn die beiden Flügel unterschiedlich groß sind, sollte es der größere der beiden sein, der am häufigsten geöffnet wird.
- Giftpfeile der äußeren Umgebung dürfen niemals direkt auf die Eingangstür treffen. Folglich sollten Sie gewissenhaft darauf achten, daß Ihre Eingangstür keiner geraden Straße gegenüberliegt, die direkt auf sie zuführt. Es ist nicht ganz so schlimm, wenn die Straße tiefer liegt als die Tür, ansonsten ist das Aufhängen eines Yin-Bagua unbedingt erforderlich. Gleiches gilt für den Fall, daß ein dreieckiges Nachbargebäude oder ein Gebäudeteil mit seiner Spitze direkt auf Ihre Eingangstür weist. Straßen und Dachlinien schaden Eingangstüren am meisten, seien Sie also vorsichtig.
- Eingangstüren sollten sich in den offenen Raum hinein öffnen. Dies bezeichnet man als »Heller-Saal-Effekt«, der äußerst günstig ist. Ein Feld oder freier Platz vor der Haustür hat also positive Wirkung.
- Haustüren sollten niemals höhergelegenem Land oder einem Berg gegenüber liegen. Wenn das Gelände abfällt, und hinter dem Haus tiefer liegt als vor ihm, ist das äußerst ungünstig. In dem Fall sollten Sie entweder die Position der Eingangstür ändern oder, falls dies nicht möglich ist, einen großen Spiegel über der Tür aufhängen, der den vor ihr liegenden Berg zurückwirft. Die Situation ist jedoch keinesfalls gut und sollte so rasch wie möglich behoben werden.

- Irgendwelche Möbel, die im Freien stehen, sollten niemals den Zugang zur Eingangstür blockieren. Sie müssen immer darauf achten, daß der Weg ins Innere Ihres Hauses frei ist, da solche Hindernisse sich nur allzu rasch in Blockaden in Ihrem Leben verwandeln, die Sie daran hindern, mit irgendeinem Ihrer Vorhaben erfolgreich zu sein.
- Jeder Weg, der auf Ihre Eingangstür zuführt, sollte geschwungen, am besten sogar kurvenreich sein. Ein Pfad, der geradewegs in Ihr Haus führt, bringt Splitter des tödlichen Hauchs mit sich. Der Zugang zum Haus darf auch nicht weiter oder schmaler werden; am besten ist es, wenn er überall gleich breit ist. Es ist günstig, den Weg zu beleuchten.
- Die Eingangstür Ihres Zuhauses sollte sich nicht auf eine Toilette, einen Treppenaufgang, eine gerade Reihe weiterer Türen oder einen überfüllten Raum hin öffnen. Ihr gegenüber darf auch keine Wand mit einem Spiegel sein. Dies würde allen Reichtum, der in Ihr Haus gelangen mag, zurückwerfen.
- Damit die Eingangstür günstig ist, sollte sie sowohl von innen wie von außen gut beleuchtet sein. Wenn der Eingangsbereich ausreichend erhellt ist, dann zieht er Qi an. Befindet sich die Tür in der südlichen Ecke oder liegt ihr gegenüber, dann ist diese gute Beleuchtung noch vorteilhafter.
- Die Eingangstür sollte sich niemals direkt unter einer Toilette im ersten Stock befinden. Diese Situation ist äußerst ungünstig, und die Bewohner eines solchen Hauses werden unter schlechter Gesundheit leiden. Erfolg wird sich nur schwer einstellen, und Fülle ist undenkbar. Eine Möglichkeit, mit einer solchen Situation fertig zu werden, besteht darin, ein sehr helles Licht nach oben zu richten. Doch dabei kann es sich nur um eine vorübergehende Lösung handeln.

Erfolgsglück beschert. Dies kann ein höheres Einkommen oder eine Beförderung sein.
In dieser Tabelle finden Sie auch Anregungen, wie sonst Sie Ihre Eingangstür noch energetisieren können, damit sie Ihnen Glück zuführt. Die Vorschläge zur Gestaltung und Farbgebung basieren auf der Himmelsrichtung, in die sich die Tür öffnet. Sie machen sich die Theorie von den fünf Elementen zunutze, um Ihre Tür weiter zu verstärken. Dies funktioniert jedoch nur, wenn die Tür in die angegebene Richtung weist.

Ihre Sheng-Qi-Himmelsrichtung

Ihre Gua-Zahl	*Ihre Sheng-Qi-Himmelsrichtung*	*Beste Gestaltung der Tür*	*Beste Farbgebung für die Tür*
1	Südosten	Rechteckig	Grün, braun
2	Nordosten	Quadratisch	Erdfarben, ocker
3	Süden	Dreieckig	Rot, rotbraun
4	Norden	Gewellt	Schwarz, blau
5	Nordosten für Männer, Südwesten für Frauen	Quadratisch	Erdfarben, ocker
6	Westen	Rund	Weiß
7	Nordwesten	Rund	Weiß
8	Südwesten	Quadratisch	Erdfarben, ocker
9	Osten	Rechteckig	Grün, braun

Ein glückbringendes Schlafzimmer gestalten

Nach diesen Angaben können Sie auch Ihre Schlafposition ausrichten. Wenn es Ihnen möglich ist, mit dem Kopf in Richtung auf Ihr Sheng Qi zu liegen, dann werden Sie von den positiven Energien auch während des Schlafes profitieren. Wählen Sie einen Raum als Schlafzimmer, der es Ihnen gestattet, Ihr Bett so aufzustellen, daß sein Kopfteil in diese höchst günstige Himmelsrichtung weist. Dies mag nicht immer möglich sein, da es noch andere Feng-Shui-Richtlinien gibt, die Sie ebenfalls befolgen müssen. Wenn Sie beispielsweise in einem Bett schlafen, das durch die umstehenden Möbel, durch Ecken oder Deckenbalken in Ihrem Schlafzimmer belastet wird, dann wird sich die schlechte Umgebung negativ auswirken, auch wenn Ihre Schlafrichtung günstig ist. Folglich ist es empfehlenswert, zunächst die allgemeinen Richtlinien für das Feng Shui des Schlafzimmers zu beachten und dann erst die zusätzlichen, strengeren Maßnahmen.

Spiegel

Vermeiden Sie unbedingt, daß das Bett von einem Spiegel reflektiert wird. Die Gegenwart eines ungeschützten Spiegels im Schlafzimmer ist oft die Ursache dafür, daß Ehepaare sich trennen, da symbolisch eine dritte Partei Einzug in ihre Ehe gehalten hat. Spiegel verursachen Untreue, und auch wenn sie sich nicht direkt ungünstig auf den Wohlstand des Haushalts auswirken, sind sie doch großenteils für die Entstehung von Unglück verantwortlich. Spiegel, die einander gegenüberstehen oder -hängen, sind noch schlimmer, da sie den Geist verwirren. Die unendliche Zahl der Spiegelbilder, die von zwei solchen Spiegeln zurückgeworfen werden, ist ein ernstes und in höchstem Maße ungünstiges Merkmal. Bitte hängen Sie entweder einen Vorhang auf, um diese Spiegel zu verbergen, oder entfernen Sie sie ganz. Wenn Sie eine Frisierkommode benötigen, dann stellen Sie sie so, daß ihre Spiegel das Bett nicht wiedergeben. Vielleicht haben Sie ja auch die Möglichkeit, einen abgetrennten Ankleidebereich einzurichten. Nehmen Sie diese Warnungen ernst, ich habe Spiegel schon in sehr vielen Ehen Schaden anrichten sehen. Mehr über das Thema erfahren Sie auf Seite 177.

Wasser

Sie sollten im Schlafzimmer auch auf Wasser in jeder Form verzichten, da es die gleichen negativen Auswirkungen hat wie Spiegel. Wenn Sie ein Aquarium im Schlafzimmer aufstellen und es sich direkt hinter Ihrem Bett befindet, dann kann ich Ihnen sicher vorhersagen, daß Sie Geld verlieren oder ausgeraubt werden. Sie sollten im Schlafzimmer auch auf Wassermotive bei Ihren Bildern und Möbeln verzichten. Am schlimmsten ist es, wenn darauf ein See, ein Wasserfall oder ein Fluß dargestellt ist. Einige Feng-Shui-Meister haben mir gesagt, daß es ungünstig ist, ein solches Bild über das Bett zu hängen, da es großes Wasser ins Schlafzimmer zu führen scheint. Das heißt natürlich nicht, daß Sie auf ein Glas Wasser, auf einen kleinen Kühlschrank oder einen Wasserkrug im Schlafzimmer verzichten müssen. Die Feng-Shui-Praxis unterscheidet zwischen diesen praktikablen Gegenständen und künstlich aufgestellten oder aufgehängten Wasserdarstellungen.

Ich habe eine sehr gute Freundin, die einmal ein wunderschönes Bild von Venedig über ihrem Bett aufhängte. Kurz darauf bekam ihr Mann schwere Rückenprobleme und mußte ins Krankenhaus. Als ich sie besuchte, wußte ich von all dem nichts, dann sah ich das Bild über ihrem Bett. Ich warnte meine Freundin und erklärte ihr, daß es sie oder ihren Mann oder sie beide ins Krankenhaus bringen könne. Da erzählte sie mir von den Rückenproblemen ihres Mannes ... Ich muß nicht weiter erwähnen, daß sie das Bild aus dem Schlafzimmer fortnahm und im Wohnzimmer neu aufhängte. Ich freue mich sagen zu dürfen, daß sein Rücken ihm nun keine weiteren Beschwerden verursacht.

Pflanzen

Darüber hinaus könnten auch lebende Pflanzen im Schlafzimmer Probleme schaffen. Anders als man erwarten würde, ist die Plazierung von Blumen und Pflanzen im Schlafzimmer keineswegs günstig. Pflanzen stehen für die Yang-Energie des Wachstums und wirken in anderen Teilen des Hauses wunderbar. Im Schlafzimmer jedoch schwächen sie die Energie der Schlafenden während der Nacht. Statt also Pflanzen zu verwenden, um dem Shar Qi von Ecken und Kanten im Schlafzimmer entgegenzuwirken, hängen Sie ein Bambusrohr an einem roten Faden genau vor die Ecke oder stellen einen Wandschirm davor auf, um sie vom Bett aus unsichtbar zu machen. Andere Gegenstände, auf die Sie im Schlafzimmer verzichten sollten, sind scharfe Gegenstände, Schußwaffen und Bilder von Tieren. Solche Dinge werden mehr schaden als nutzen und das Feng Shui Ihres Schlafzimmers ernstlich beeinträchtigen.

Richtlinien für ein gutes Schlafzimmer-Feng-Shui

- Das ideale Bett ist eines mit einer durchgehenden Matratze – auch bei einem Doppelbett –, das auf eine günstige Himmelsrichtung hin orientiert ist. Giftpfeile im Schlafzimmer dürfen es möglichst nicht direkt treffen, und es sollte zudem luxuriös und bequem sein.
- Geometrisch geformte Räume sind immer besser als unregelmäßige Formen: Am besten sind Zimmer mit rechteckigen oder quadratischen Grundflächen. L-förmige Zimmer sollten korrigiert werden, indem man einen Wandschirm aufbaut, der daraus zwei eigenständige Räume schafft.
- Das Bett sollte nicht zwischen zwei Türen stehen oder direkt auf die Zimmertür weisen. Ist ersteres der Fall, dann durchschneidet die Energie der beiden Türen das Qi des Bettes, was sich negativ auf die Gesundheit der darin schlafenden Person auswirken wird. Weisen die Füße des Schlafenden auf die Tür, dann bezeichnet man dies als die Position des Todes, eine künstliche Abkürzung des Lebens.
- Sorgen Sie dafür, daß es keine scharfen Kanten gibt, die direkt auf die Schlafposition treffen. Hierbei kann es sich sowohl um eine Zimmerecke als auch um die eines Regals handeln. Sie können ihren Ursprung in vorstehenden Kanten haben oder aber in einzeln stehenden quadratischen Pfeilern. All diese Zustände haben negative Auswirkungen auf die Gesundheit des Schlafenden, da der tödliche Hauch direkt auf ihn gerichtet ist. Selbst wenn sein Kopf in eine ansonsten günstige Himmelsrichtung weist, wird dieses positive Merkmal von dem schlechten Qi vollkommen zunichte gemacht. Für Kinder ist diese Situation besonders schädlich.

- Das Bett sollte sich nicht direkt unter einem freiliegenden Deckenbalken, einem Deckenventilator oder einer von Dachflächen gebildeten Spitze befinden. Wenn Sie unter etwas Feindseligem, Spitzem oder Schwerem schlafen, dann drückt dies auf Ihre Gesundheit und verringert Ihre Widerstandskraft gegen Krankheiten. Im besten Fall werden Sie nur von Migränen und Kopfschmerzen geplagt. Im schlechtesten Fall könnte das Unglück in Form einer schweren Krankheit über Sie kommen. Deckenbalken, die ein Ehebett der Länge nach zerteilen, verursachen Risse in der Beziehung zwischen den Partnern. Es ist besser, solche Balken unter einer Gipsdecke und hübschen Gesimsen verschwinden zu lassen oder aber das Bett umzustellen. Dachschrägen sind ebenfalls alles andere als ideal, doch wenn Sie keine andere Wahl haben, dann schlafen Sie wenigstens mit dem Kopf unter der höchsten Stelle.
- Es ist nicht gut, wenn Sie vom Bett aus die Toilette sehen können. Auch sollte das Bett nicht direkt unter einer im darüberliegenden Stockwerk befindlichen Toilette stehen. Die Wirkung der Toilette auf die Gesundheit des Schlafenden wird äußerst schwerwiegend sein. Zu den Beschwerden zählen erhöhte Anfälligkeit für Husten, Erkältungen und Kopfschmerzen. Toiletten sollen auch Magenbeschwerden und andere Krankheiten des Verdauungssystems verursachen.
- Das Bett darf nicht frei in der Mitte des Raums stehen. Dies ist ein Hinweis auf Instabilität und äußerst ungünstig. Bei einer solchen Standortwahl muß das Bett sehr stabil und nicht wackelig sein.

- Das Bett darf nicht direkt unter einem Fenster stehen, da dies ebenfalls einen Mangel an Stabilität nahelegt. Wenn Sie sich für eine solche Schlafposition entscheiden, dann werden Sie vermutlich viel auf Reisen sein und wenig Zeit in Ihrem Bett zubringen.
- Auch sollte das Bett nicht an einer Wand stehen, die direkt darüber ein Fenster aufweist. Dies verursacht der betreffenden Person schlaflose Nächte, und sie neigt zu Krankheiten mit Fieber und Gliederschmerzen. Haben Sie jedoch keine andere Wahl, dann achten Sie darauf, mit zugezogenen Vorhängen zu schlafen, die aus einem möglichst schweren Stoff gefertigt sein sollten.
- Die beste Position für das Bett ist der Zimmertür diagonal gegenüber, wobei sich hinter dem Kopfende eine massive Wand befinden muß, um den Schlafenden Stabilität zu geben. Weist das Bett dann auch noch in die beste Sheng-Qi-Himmelsrichtung des Schläfers, dann steht es am günstigsten.
- Wenn es aus irgendwelchen Gründen nicht möglich ist, das Bett auf die Sheng-Qi-Himmelsrichtung auszurichten, dann ist es wichtig, eine der anderen Richtungen aus der entsprechenden Gruppe zu wählen. Wenn Sie der östlichen Gruppe angehören, dann sind die besten Himmelsrichtungen Osten, Südosten, Norden und Süden. Gehören Sie zu der westlichen Gruppe, dann sind für Sie Westen, Südwesten, Nordosten und Nordwesten positiv.

Ein günstiges Büro entwerfen

Die Sheng-Qi-Himmelsrichtung sollte auch bei der Gestaltung Ihres Arbeitszimmers eine Rolle spielen. Um Erfolgsglück anzuziehen, müssen Sie immer mit Blick in Ihre Sheng-Qi-Himmelsrichtung sitzen. Allein dies wird Ihnen große Fülle bescheren. Doch dürfen Sie dabei nicht die anderen allgemeinen Richtlinien für das Büro-Feng-Shui mißachten. Berücksichtigen Sie also bei der Gestaltung Ihres Büros die Anweisungen, wie sie im nachfolgenden Kasten gegeben werden.

Wenn Sie all diese Richtlinien einbezogen haben und dann auch noch mit Blick in Ihre Sheng-Qi-Himmelsrichtung sitzen können, dann sind Sie optimal gerüstet, um Ihre Erfolgshimmelsrichtung bei der Arbeit richtig anzuzapfen. Ihre Sheng-Qi-Himmelsrichtung ist der beste Verstärker für den Erfolg im Beruf. Um dies nicht zu vergessen, zeichnen Sie am besten einen Pfeil auf Ihren Schreibtisch, der in die genaue Himmelsrichtung weist, aus der Ihr Sheng Qi kommt.

Nutzen Sie auch Feng-Shui-Maße, um Ihren Schreibtisch mit gutem Glück anzureichern. Die Maße für den Schreibtisch eines leitenden Angestellten oder Selbständigen sind hundertzweiundfünfzig mal neunundachtzig Zentimeter. Er sollte vierundachtzig Zentimeter hoch sein. Wenn Sie wollen, können Sie auch die Tischoberfläche mit gutem Feng Shui aufladen. Dies ist insbesondere dann wirkungsvoll, wenn Sie die Theorie von den fünf Elementen zur Anwendung bringen und günstige Symbole wie Drachen und Schildkröten als Verzierungen auf den Seiten und Schubladen Ihres Schreibtischs haben anbringen lassen.

Der Bürostuhl, auf dem Sie sitzen, sollte eine hohe Lehne haben, um Ihnen den Rücken zu stärken. Stühle, die Ihren Rücken nicht vollständig schützen, stehen für schlechtes Feng

Shui. Außerdem ist es gut, wenn Ihr Schreibtischstuhl Armlehnen hat. Fehlen sie, dann sind auch die himmlischen Tiere – der Drache und der Tiger – nicht vorhanden, und Ihre Arbeit ist nicht ausreichend geschützt. Ihre Rückenlehne sollte ungefähr hundertneun Zentimeter hoch sein. Diese Höhe bringt das Glück des Reichtums mit sich.

Sorgen Sie dafür, daß Ihr Büro immer gut beleuchtet ist. Trifft dies nicht zu, dann leidet das Feng Shui, weil die Yang-Energie geschwächt wird. Achten Sie außerdem darauf, daß die Nachmittagssonne, wenn sie in diesen Bereich des Hauses vordringt, den Raum nicht zu sehr aufheizt. Zu viel starke Energie schafft ein Übergewicht an Yang-Energie, und das ist ebenfalls ungünstig. Feng Shui hat sehr viel damit zu tun, ein Gleichgewicht zwischen Yin und Yang zu schaffen.

Ein weiterer wichtiger Feng-Shui-Gegenstand, der im Büro stehen sollte, ist eine lebende Pflanze, die gesund und üppig wächst. Die Gegenwart einer Pflanze symbolisiert Wachstumsenergie, da die Fließrichtung der Energie im Element Holz nach oben gerichtet ist. Das ist für das Arbeitszimmer ein ausgezeichnetes Symbol. Die Pflanze sollte entweder in der östlichen oder südöstlichen Ecke des Büros stehen.

Persönliche Erfolgsstandorte anzapfen

Es ist wichtig, die günstige Sheng-Qi-Himmelsrichtung anzuzapfen, doch gleiches gilt auch für den Sheng-Qi-Standort. In der Feng-Shui-Praxis ist es erforderlich, zwischen der Himmelsrichtung und der Lage eines Raums zu unterscheiden. Beide sind gleichermaßen wichtig, und wenn es nicht möglich ist, sich das eine zunutze zu machen, dann sollten Sie es mit dem jeweils anderen versuchen.

Richtlinien für ein gutes Feng-Shui im Arbeitszimmer

- Ihr Arbeitszimmer sollte einen geometrischen Grundriß haben. Ist er unregelmäßig, dann versuchen Sie, ihn mit Pflanzen und Spiegeln zu verbessern.
- Richten Sie Ihr Büro möglichst nicht am Ende eines langen Ganges ein. Dies würde Sie unter einem schlechten Feng Shui leiden lassen und Ihnen Erfolge verwehren.
- Plazieren Sie Ihr Arbeitzimmer nicht unmittelbar neben der Toilette, und es sollte auch nicht direkt unter einer Toilette, die sich im darüberliegenden Stockwerk befindet, liegen.
- Achten Sie darauf, daß der Eingangsbereich in Ihr Büro nicht zu vollgestellt ist, da dies gutes Feng Shui daran hindert, in Ihr Büro zu gelangen.
- Sitzen Sie niemals mit dem Rücken zur Tür. Das ist eine im Feng Shui potentiell gefährliche Situation, da Sie so symbolisch von hinten erstochen werden. Ja, Sie sollten Ihren Stuhl oder Tisch immer so stellen, daß Sie sehen können, wer zur Tür hereinkommt. Doch darf sich die Tür auch nicht unmittelbar vor Ihnen befinden.
- Sitzen Sie auch nie mit dem Rücken zum Fenster. Hinter Ihrem Rücken sollte sich möglichst immer etwas Massives befinden. Handelt es sich um eine Wand, dann können Sie dort noch das Bild eines Berges aufhängen, das Ihnen zusätzliche Unterstützung gewährt. Denken Sie daran, daß im Geschäftsleben und im Beruf Unterstützung ein wichtiger Bestandteil des Erfolges ist, ob sie nun von Ihren Vorgesetzten, Ihren Kunden oder Ihren Finanziers kommt. Tatsächlich hängt Ihr Erfolg oft vollständig von der Unterstützung ab, die Sie erhalten können.

- Sitzen Sie niemals direkt unter einem freiliegenden Deckenbalken, denn er wird Ihr Urteilsvermögen und Ihre Entscheidungen ernstlich beeinträchtigen. Sie sollten auch nicht in der Schußlinie des tödlichen Hauchs sitzen, der von scharfen Kanten oder vorstehenden Ecken in Ihre Richtung geschickt wird. Stellen Sie eine Pflanze davor, um die negative Energie aufzulösen.

Sobald Sie die Himmelsrichtung kennen, die Ihnen Erfolg bringt, stellen Sie fest, welche Ecke des Hauses mit dieser Himmelsrichtung übereinstimmt. Schauen Sie in dem Lo-Shu-Quadrat nach, das Sie auf Ihr Haus oder Ihre Wohnung übertragen haben. Es wird Ihnen den Sheng-Qi-Standort in Ihrem Zuhause zeigen. Wenn es Ihnen möglich ist, entweder Ihr Schlafzimmer oder Ihr Büro in diese Ecke zu legen, dann verstärken Sie damit das Standortglück. Abhängig davon, welches Element diesen Standort verkörpert, können Sie ihn energetisch aufladen, indem Sie Objekte aufstellen, die diese Elemente fördern oder produzieren.

Wenn zum Beispiel Ihr Sheng Qi Osten ist, dann stellt Holz das dazugehörige Element dar. Befindet sich Ihr Arbeitszimmer im Osten, dann können Sie die Energien dort steigern, indem Sie ein Wassersymbol aufstellen, da Wasser Holz fördert. Ist es jedoch Ihr Schlafzimmer, das Sie im Osten eingerichtet haben, dann wäre ein Wassersymbol unangemessen, da ein Schlafzimmer niemals mit Wasser energetisiert werden sollte.

Bei der Entscheidung darüber, welches Symbol verwendet werden soll, um eine beliebige Ecke energetisch zu stärken, hilft folgende Regel: Identifizieren Sie zunächst das Element, welches für die Ecke steht, dann wählen Sie einen Gegenstand, der das Element versinnbildlicht, welches das eigentliche Element produziert (siehe Seite 37–38). Sie können keinen Fehler machen, wenn Sie Ihren Lebensraum auf der Basis der Theorie von den fünf Elementen energetisch aufladen.

Der Reichtum guter Gesundheit

»Konzentriere dich darauf, das Qi zu pflegen.
Das äußere Qi sorgt für eine gesunde Umgebung,
das innere Qi sorgt dafür, daß du gesund bist.
Beides ist wichtig.«

Wir Chinesen glauben, daß wir uns, wenn wir im Zustand eines harmonischen Feng Shui leben, guter Gesundheit erfreuen. Sollten wir doch einmal krank werden, werden wir rasch wieder gesund, weil der himmlische Arzt, der Tien Yi, dafür Sorge trägt. Gute Gesundheit, die zu einem langen und stabilen Leben führt, wird als besonders wichtige Art des Glücks betrachtet. Wohlstand und Reichtum ohne Gesundheit gelten als Zustand des Mangels – womit zum Ausdruck gebracht werden soll, daß man zwar über all die materiellen Dinge verfügt, jedoch unfähig ist, sich an ihnen zu erfreuen. Für die Chinesen ist eine solche Situation schlimmer als materielle Armut. Sie bringt einen ernsten Mangel an Qi zum Ausdruck. Tatsächlich zeigt sich im körperlichen Verfall die Auflösung des Qi, und wenn sich das Qi vollständig auflöst, dann tritt der Tod ein.

Alle traditionellen chinesischen Praktiken von der Akupunktur bis hin zu Körperübungen, Kräutermedizin, Massagen und natürlich Feng Shui konzentrieren sich darauf, das Qi zu fördern, sowohl im Umfeld wie auch innerlich durch Meditation und Atemtechniken. Diese Auffassung vom Qi basiert auf der Vorstellung, daß alle Dinge im Universum, sichtbar und unsichtbar, lebendig und unbelebt, das magische Bewußtsein des Qi besitzen. Damit hat jedes Zimmer im Haus und jede

Zelle im menschlichen Körper seine bzw. ihre eigene immanente Energie, welche die Chinesen als Qi bezeichnen.
So lehrt beispielsweise Qi Gong, daß die Unterstützung des Qi durch Körperübungen das äußere Feng Shui wirkungsvoll verstärkt. Diese Pflege des Qi ist es, die letztlich zu guter Gesundheit und einem langen Leben führt – zwei Dinge, die an erster Stelle auf der Feng-Shui-Liste der für die Menschheit wünschenswerten Ziele stehen. Ein Reichtum an guter Gesundheit ist ebenso wertvoll wie materieller Reichtum. Und das Qi, das die Gesundheit bringt, läßt sich ebenso leicht nutzbar machen wie das Qi, das den Reichtum ermöglicht.
Zum Beispiel richten sich die Formeln der Kompaßschule des Feng Shui ebenso an das Glück der Gesundheit wie an das Glück des Reichtums, und es gibt eine besonders günstige Himmelsrichtung, die als die Tien-Yi-Richtung bezeichnet wird. Wenn sie bei der Ausrichtung von Betten, Türen und Schreibtischen gut ausgenutzt wird, sorgt sie insbesondere für gute Gesundheit und ein langes Leben, und sie wird für gewöhnlich älteren Menschen als besonders hervorragend empfohlen.
Wie bei der Sheng-Qi-Himmelsrichtung (siehe Seite 124) basiert auch die Tien-Yi-Richtung auf der persönlichen Gua-Zahl (siehe Seite 82). In der nachfolgenden Tabelle können Sie die günstigsten Himmelsrichtungen für die Gesundheit auf der Basis der Gua-Zahlen nachlesen. Machen Sie sich dieses Wissen zunutze, wenn Sie Ihren Schlafplatz wählen. Dazu gibt es drei Möglichkeiten:

- Schlafen Sie an einem Tien-Yi-Standort.
- Schlafen Sie mit dem Kopf in eine Tien-Yi-Richtung.
- Die Tür Ihres Schlafzimmers sollte sich auf eine Tien-Yi-Richtung hin öffnen.

Es ist nicht erforderlich, alle drei Voraussetzungen gleichzeitig zu erfüllen, eine reicht für gewöhnlich aus.

Richten Sie an dem Ort, der in Ihrer Wohnung oder Ihrem Haus der Tien-Yi-Richtung entspricht, Ihr Schlafzimmer ein. Das gilt besonders für ältere oder kranke Menschen, denn dies wird der Genesung sehr förderlich sein. Zusätzlich zu diesem Standort sollte der kranke Mensch versuchen, mit dem Kopf in seine Tien-Yi-Richtung zu schlafen, denn die himmlischen Energien, die Krankheiten heilen, kommen aus der Tien-Yi-Richtung. Achten Sie jedoch bei all diesen Maßnahmen darauf, auch die allgemeinen Richtlinien für ein gutes Schlafzimmer-Feng-Shui zu beachten, wie sie auf Seite 128–130 beschrieben wurden.

Ihre Tien-Yi-Himmelsrichtung

Ihre Gua-Zahl	*Ihre Gesundheits- oder Tien-Yi-Richtung*
1	Osten
2	Westen
3	Norden
4	Süden
5	Westen für Männer, Südwesten für Frauen
6	Nordosten
7	Südwesten
8	Nordwesten
9	Südosten

Yin und Yang ins Gleichgewicht bringen

Man kann also für das Bett einen Standort wählen, der nach der Kompaßschule des Feng Shui bestimmt wurde. Damit macht man sich die für die Gesundheit günstigste Himmelsrichtung zunutze. Doch ebenso kann auch die Yin-Yang-Therapie auf das Schlafzimmer angewandt werden, um gute Gesundheitsenergien entstehen zu lassen.

Für den Anfang sei gesagt, daß das Schlafzimmer ein Ort der Ruhe ist, in dem beruhigende, stille, gedämpfte Yin-Farben sich in den Vorhängen, Gardinen und Teppichen wiederfinden sollten. Eigentlich müßte eine Yin-Umgebung vorherrschen, doch wenn Yin überwiegt, dann vergrößert sich die Anfälligkeit für Krankheiten erheblich. Darum muß in gesunden Schlafzimmern immer auch klar sichtbares Yang vorhanden sein, und dies geschieht am besten durch eine gute und angemessene Beleuchtung. Lampen sind allerdings sehr stark yang, folglich muß man sich vor zu hellen Strahlern hüten. Mit sehr grellem Licht richtet man mehr Schaden an, als Nutzen zu erzielen. Entscheiden Sie sich darum für kleine, doch intensive rote Lichter, die Sie sparsam einsetzen. Die rote Farbe bereichert den Raum um eine dynamische Note, und sie verfügt außerdem über ein sehr wirkungsvolles Yang; sie ist jedoch nie zu intensiv, um Probleme zu verursachen.

Yang-Energie kann auch in der Form von Musik eingebracht werden, am besten als beruhigende Barockmusik oder leichte Radiomusik. Diese Art Yang-Energie ist weder zu grell noch zu streng, doch wirkt sie aufbauend und unterstützt das Qi sehr gut. Spielen Sie New-Age-, Entspannungs- oder Meditationsspiele, was für einen leichten Zufluß von Yang-Energie sorgt und wunderbare und gesunde Vibrationen erzeugt. Solche Musik wirkt insbesondere auf kranke und genesende

Patienten beruhigend, weil sie eine sanfte Yang-Energie erzeugt, die gut für die Gesundheit ist. Sie ist gleichzeitig aber nicht so stark, daß sie wirkliches Ausruhen verhindert. Diese Art Yang-Energie ergänzt die Yin-Energien des Schlafzimmers in einer sehr unterstützenden Art und Weise.
Yang-Energie sollte nicht in Form von lebendigen Pflanzen und Blumen anwesend sein (siehe Seite 127). Zugleich darf auch die Yin-Energie nicht durch die Präsenz von Wassersymbolen verstärkt werden (siehe Seite 126–127). Selbst wenn sich also das Schlafzimmer im Norden befindet, eine Himmelsrichtung, die man normalerweise mit einem Wassersymbol verstärken würde, ist es in diesem Zusammenhang besser, auf jegliche symbolische Darstellung von Wasser und auf Wasser selbst zu verzichten. Setzen Sie das Wasser zur Verstärkung besser im Wohnzimmer oder im Garten ein.

Das Schlafzimmer für gute Gesundheit

Ich werde häufig zu den Kopfteilen von Betten und zu Baldachinen befragt und ob sie im Feng Shui irgendeine Bedeutung haben. Die Antwort lautet natürlich ja. Früher hatten reiche Familien sorgsam verzierte Betten, die so beschaffen waren, daß sie ein Gefühl der Geborgenheit vermittelten. Antike chinesische Hochzeitsbetten zum Beispiel ähneln kastengleichen Konstruktionen mit nur einer Öffnung, und diese wurde oft ebenfalls mit einem Spitzen- oder Brokatvorhang verschlossen.
Die Schlafstätte kommt so einer Zuflucht, fast einem Heiligtum gleich. Manche Betten hatten sogar Fenster an den Seiten, damit diejenigen, die darin schliefen, hinaussehen konnten, während sie sich noch im Bett befanden! Die Vorhänge,

die das Bett verhüllten, waren oft mit Stickereien geschmückt, die all die Symbole guten Glücks darstellten.
Die Betten junger und frisch verheirateter Paare waren mit den »hundert Kindern« bestickt, was eine fruchtbare Verbindung andeuten sollte, aus der viele Söhne hervorgehen würden. Die Betten älterer Familienmitglieder und insbesondere das des Patriarchen (Lo Yeh) waren mit den Symbolen für ein langes Leben und gute Gesundheit geschmückt.
Daher sind in modernen Schlafzimmern Baldachine, die ein Gefühl von Sicherheit und Zuflucht vermitteln, erwünscht, doch ich halte einen vollständigen »Himmel«, der nach allen fünf Seiten geschlossen werden kann, für besser, da ein Baldachin nur zur Decke hin Schutz bietet. Ein Bett mit vier Pfosten ist ausgezeichnet, doch ein Prinzessinnenbett wie aus dem Märchenbuch ist nicht günstig.
Kopfteile sollten gebrochene Kanten haben und abgerundet sein wie der Rücken einer Schildkröte. Dies wäre das sicherste und günstigste Kopfteil, da es Sie im Schlaf gegen schlechte Vibrationen und vor Krankheiten schützt. Vermeiden sollten Sie dreieckige und wellige Formen, da sie sich für das Schlafzimmer nicht eignen. Dreieckige Kopfteile lassen an das Feuerelement denken, womit das Bett zu stark yang wird, und ein welliges Kopfteil erinnert an das Wasserelement.
Ein gesundes Schlafzimmer zu schaffen verlangt, daß alles, was zuviel Yin-Energien oder tödliches Qi einbringen könnte, entweder entfernt oder neutralisiert wurde. In diesem Zusammenhang ist es vermutlich am schwierigsten, gegen die Feng-Shui-Störung einer Toilette, die sich in einem ungünstigen Winkel zum Bett oder zur Schlafzimmertür befindet, Maßnahmen zu ergreifen. Toiletten direkt über dem Bett wirken ebenso schädlich wie solche, die an eine Wand montiert sind, auf deren Rückseite sich ein Bett befindet.

Yin-Energie in Toiletten unterdrücken

Die Türen von im Haus befindlichen Toiletten und Badezimmern müssen immer geschlossen sein. Das allein jedoch reicht als Gegenmittel gegen die von ihnen ausgestoßene Yin-Energie nicht aus. Die beste Art, um das von Toiletten ausgehende Unglück niederzuhalten, besteht darin, in ihnen ein Glockenspiel mit fünf Klangkörpern aufzuhängen. Wenn diese Maßnahme noch nicht ausreicht, sollten Sie die Toiletten- oder Badezimmertür rot anstreichen. Falls Sie sich von der knalligen roten Farbe gestört fühlen, ist Weiß eine ausgezeichnete zweite Wahl. Damit wird ausreichend Yang-Energie erzeugt, um dem schlechten Qi etwas entgegenzusetzen. Alle Blautöne werden für Toiletten und Badezimmer als ungünstig angesehen. Rote beziehungsweise rotbraune Teppiche oder Vorhänge erzeugen gleichfalls genug korrigierendes Yang. Diese Lösung ist zwar nicht ideal, aber sie sorgt dafür, die verdorbene Energie der Toilette zu zerstreuen, und verhindert ihre Ansammlung oder Stagnation.

Eine weitere Methode, um Yang-Energie in diesen Raum einzubringen, besteht darin, ihn gut zu beleuchten. Ein einzelnes rotes Licht ist bereits sehr effektiv, denn dies bedeutet die Gegenwart des Feuerelements, welches das Metallelement, das die Toilette schädigt, verbrennt. Stellen Sie weder Blumen noch Pflanzen in Badezimmer und Toilette. Sie schaden mehr als sie nützen.

Symbole für ein langes Leben

Ein langes Leben ist für die Chinesen eine wichtige Zielsetzung, und dafür gibt es auch am meisten Symbole. Lediglich die Symbole für Wohlstand und Reichtum sind ähnlich zahlreich. Die Chinesen haben für jede Zielsetzung, die für sie wichtig ist, einen Gott. So gibt es in der langen Liste von Göttern unter anderem Götter der Gesundheit, des Reichtums und des Wohlstands.

Der vielleicht populärste Gott ist der Gott des langen Lebens, Sau. Er ist ein freundlicher alter Mann mit einer großen, breiten Stirn. Er hat einen Wanderstab in der linken Hand, der mit dem Symbol des Drachen geschmückt ist. In seiner rechten Hand befindet sich ein weiteres Symbol für ein langes Leben, ein Pfirsich. Sau wird oft in Gemälden oder auf Keramik dargestellt, oder man stellt ihn für dekorative Zwecke als Skulptur auf. In der Regel wird er mit einem Hirsch und einer Kiefer im Hintergrund abgebildet, ebenfalls Symbole für ein langes Leben. All diese Symbole sind bei den Chinesen sehr weit verbreitet, denn sie glauben, daß ihre Darstellung im Haus gute und starke Energie erzeugt und die Bewohner somit vor tödlichen Krankheiten schützt.

Der Gott des langen Lebens kann allein für sich dargestellt werden oder aber als einer der drei Sterngötter, die gemeinsam als »Fuk Luk Sau« bezeichnet werden. Diese Sterngötter werden nicht angebetet, denn man betrachtet sie nicht als richtige Gottheiten, vielmehr als Symbole für Zielsetzungen. Sie werden im Eßzimmer oder auf einem Kaminsims mit Blick auf die Eingangstür aufgestellt. Es gibt sie aus jedem Material zu kaufen – als Figurengruppe aus Stahl, aus Keramik, Elfenbein oder Holz.

Das vermutlich am weitesten verbreitete Symbol für ein langes Leben und gute Gesundheit ist die wunderbare Bambuspflanze. Falls Sie über einen Garten verfügen, dann ist es eine gute Idee, im Osten einen kleinen Bambushain anzulegen. Sollten Sie in einer Wohnung leben, dann versuchen Sie ein Bild des Bambus zu bekommen und hängen es auf der Ostseite des Wohnzimmers auf.
Da der Bambus als äußerst günstige Pflanze empfunden wird, betrachtet man sein Holz als sehr wirkungsvolles Feng-Shui-Werkzeug. Wenn zwei Stück Bambusholz mit einer roten Schnur zusammengebunden und an Deckenbalken und vor Ecken gehängt werden, dann wehren sie erfolgreich den tödlichen Hauch ab, der den Bewohnern sonst Schwierigkeiten machen würde. Es gibt viele verschiedene Bambusarten; jene, deren Stämme innen hohl sind, sind die günstigsten.
Ein weiteres, sehr populäres Symbol für ein langes Leben ist der Pfirsich. Essen Sie also viele Pfirsiche! Noch besser ist es, wenn Sie einen dekorativen Pfirsichbaum in Ihr Wohnzimmer stellen – einer aus Jade wäre wunderbar. Sie können sie in chinesischen Läden kaufen. Der Pfirsichbaum spielt eine wichtige Rolle in vielen alten chinesischen Geschichten; so ist es nach der Legende ein Pfirsichbaum, der im Garten der Königin des Westens wächst und die Frucht der Unsterblichkeit trägt. Tatsächlich heißt es von den berühmten acht Unsterblichen der taoistischen Folklore, daß sie sich in den Garten geschlichen und dort heimlich Pfirsiche gegessen haben, um ihren unsterblichen Status zu erlangen.
Alles, was einen Pfirsich symbolisiert, würde ein wunderbares Geburtstagsgeschenk für einen alten Patriarchen oder eine alte Matriarchin abgeben. Bei Bildern, auf denen der Pfirsichbaum dargestellt ist, wählen Sie solche, die entweder fünf oder neun Früchte darstellen. Die Zahl Fünf hat die Macht,

Unglück zu überwinden, während die Zahl Neun die Fülle von Himmel und Erde symbolisiert.

Mein Lieblingssymbol für ein langes Leben ist der wunderschöne Kranich. Kraniche des langen Lebens haben eine rote Stirn, und meist werden sie im Flug oder in einem Gewässer auf einem Bein stehend dargestellt. Häufig werden sie auch in Verbindung mit Kiefern abgebildet, ein weiteres Symbol für langes Leben. Ich habe in der östlichen Hälfte meines Gartens eine Kranichskulptur aufgestellt, doch im Grunde kann man sie, um gute Gesundheit und langes Leben anzuziehen, überall aufstellen. Zusätzlich habe ich viele Keramikblumentöpfe, die mit diesen Vögeln geschmückt sind. Auch wenn das mehr mit meiner Liebe zu diesen wunderschönen Tieren zu tun hat, erfreuen sich alle Familienmitglieder, die in meinem Haus wohnen, bester Gesundheit.

Ein weiterer meiner Favoriten ist die Schildkröte, denn dieses Geschöpf bringt jedem Haushalt, der eine besitzt, nichts als Glück. Auch sie ist ein Symbol für langes Leben. Sie als lebendiges Haustier zu halten, als dekorativen Gegenstand aufzustellen oder als Bild an der Wand zu haben, wirkt sich wundervoll auf das Glück im Haus aus. Außerdem bringt die Schildkröte nicht nur Reichtum mit sich, sie ist auch ein Symbol für Hilfe und Schutz. Sie steht für die himmlische Unterstützung des Nordens.

Deshalb rate ich jedem, sich in der nördlichen Ecke des Hauses ein kleines Terrarium für Schildkröten oder noch besser im Garten einen Teich für sie anzulegen. Es spielt keine Rolle, ob die nördliche Ecke sich vor oder hinter dem Haus befindet, ob sie links oder rechts von der Eingangstür ist.

Fliegende Sterne, die Krankheiten verursachen

Falls Sie mit Feng Shui auf Ihre Gesundheit Einfluß nehmen möchten, dann ist es ratsam, etwas über das »Feng Shui des fliegenden Sterns« zu erfahren. Auf Chinesisch heißt diese Formel »Fey Sin Feng Shui«, und sie ist eine fortgeschrittene Anwendung der Kompaßschule, die auf dem Lo-Shu-Quadrat basiert.

Das Feng Shui des fliegenden Sterns erfreut sich in Hongkong großer Beliebtheit. Es richtet sich auf die zeitliche Dimension des Feng Shui und liefert detaillierte Hinweise auf Bereiche innerhalb des Hauses, die während bestimmter Monate in bestimmten Jahren vom Krankheitsstern heimgesucht werden könnten. Wird es in Verbindung mit dem chinesischen Kalender angewendet, offenbart das Feng Shui des fliegenden Sterns die Plazierung von Krankheitssternen. Jeder, der sich also in den Wochen und Monaten, in denen diese Sterne selbst verletzbar sind, in den betroffenen Bereichen aufhält, erliegt schweren (oft tödlichen) Krankheiten.

Die Handhabung dieser Formel ist für den Amateur schwierig, man sollte die Berechnung und Interpretation einem Feng-Shui-Meister überlassen. Ich habe für Sie die gefährlichen Ecken berechnet, die in den nächsten paar Jahren unter den Einfluß von Krankheitssternen geraten. Der nachfolgenden Tabelle können Sie entnehmen, ob Ihr Schlafzimmer in den kommenden Jahren in eine der beeinträchtigten Ecken fällt. Diese Informationen sind für jedermann anwendbar, lassen Sie also Schlafzimmer in betroffenen Bereichen während des entsprechenden Jahres leerstehen, um schwere Krankheiten zu vermeiden.

Die Wirkung der Krankheitssterne ist noch ernster, wenn sich Ihre Eingangstür in dem betroffenen Bereich befindet. Mit dieser Situation umzugehen ist schwieriger, da die Eingangstür auf die ganze Familie und in der Tat auf alle Menschen, die in diesem Haus wohnen, Einfluß nimmt.

In der Zeit, in der sich der Krankheitsstern auf die Haustür auswirkt, sollten Sie möglichst auf ihre Benutzung verzichten und das Haus statt dessen durch eine andere, eine Nebentür betreten. Falls dies nicht möglich sein sollte, versuchen Sie, in diesem Zeitraum soviel wie möglich zu verreisen, damit Sie durch den Krankheitsstern nicht in Mitleidenschaft gezogen werden.

Jahr	*Betroffener Bereich*	*Stark betroffene Ecke*
1999	Nordwesten	Süden
2000	Westen	Norden
2001	Nordosten	Südwesten
2002	Süden	Osten
2003	Norden	Südosten
2004	Südwesten	Mitte
2005	Osten	Nordwesten
2006	Südosten	Westen

Einflußbereich der Krankheitssterne

Mantra-Reinigung

Schlafzimmer sollten regelmäßig mit frischen Energien belebt werden, damit die Bewohner nicht durch alte und stagnierende Energien erkranken. Am besten geschieht dies, indem man den Raum einmal die Woche gründlich lüftet.

Öffnen Sie die Zimmertüren und mindestens zwei Fenster im Haus, davon sollte sich eines im Schlafzimmer befinden. Dann gestatten Sie es der Luft, von draußen durch das geöffnete Fenster ins Schlafzimmer zu gelangen, sich mit der dort vorhandenen Energie zu vermischen und wieder hinauszufließen. Dieser einfache Luftaustausch wird das Qi in Ihrem Schlafzimmer enorm auffrischen.

Diese Verfahrensweise ist auch eine ausgezeichnete Methode, um den Raum von alten Energien zu reinigen, die möglicherweise von einem kranken Bewohner dort zurückgelassen wurden. Sollten Sie den Wunsch haben, diese Reinigung noch zu intensivieren, dann können Sie auch Räucherwerk verwenden. Wer mag, kann außerdem eines der nachfolgenden Reinigungs-Mantras singen.

Ob Mantras ein Bestandteil des Feng Shui sind, wird viel diskutiert, doch ich meine, daß die Chinesen schon immer Reinigungsrituale mit dem Feng Shui verbunden haben. Für die moderne Hausreinigung sind viele der Rituale vereinfacht worden – ein Schritt, wie ich ihn für dieses Buch ebenfalls vorgenommen habe.

Diese Rituale gründen sich auf traditionelle Praktiken, und ich habe festgestellt, daß die Energien im Inneren eines Hauses oder einer Wohnung immer davon profitieren, wenn Mantras in die Reinigungsrituale mit einbezogen werden. Anstelle von Mantras können Sie auch Gebete aus Ihrer eigenen Religion auswählen, um den Reinigungsvorgang zu

Zwei Reinigungs-Mantras

Om Ah Hung So Ha

Dies ist ein Reinigungs-Mantra, das von den Buddhisten gesungen wird, wenn sie Opfergaben für Buddha auf einen Altar oder in einen Schrein legen beziehungsweise wenn sie sich zu ihrer Mahlzeit niedersetzen und Buddha Opfergaben weihen. Es handelt sich um ein mächtiges Mantra, das unmittelbar reinigend wirkt, und Sie können, während Sie mit dem Räucherwerk durch den Raum gehen, visualisieren, wie all die Gegenstände im Zimmer gereinigt werden. Murmeln Sie das Mantra hundertachtmal, verwenden Sie einen buddhistischen Rosenkranz (Mala), um mitzuzählen.

Om Mani Padme Hum

Hierbei handelt es sich um das bekannteste Mantra der tibetischen Buddhisten. Es ist das Mantra, welches den mitfühlenden Buddha des Erbarmens direkt anspricht. Dies ist ein sehr, sehr mächtiges Mantra, und es heißt, daß jeder, der es einmillionmal singt (wofür man etwa ein Jahr braucht), mit einer besonderen Gabe wie etwa der Hellsichtigkeit belohnt wird. Viele Buddhisten singen es einfach nur deshalb, um den Segen des Buddha des Erbarmens zu erlangen.

Dieses Mantra wirkt besonders stark reinigend. Singen Sie es hundertachtmal, um das Qi Ihres Hauses zu säubern. Gehen Sie dabei langsam an den Mauern Ihres Hauses entlang, und stellen Sie sich dabei vor, wie die Klänge dafür sorgen, daß die Energien vor Reinheit kristallklar werden.

verstärken. Meiner Erfahrung nach funktioniert die Reinigung in Verbindung mit jedem Gebet oder Mantra, vorausgesetzt, Sie handeln mit Liebe im Herzen und der richtigen Motivation.

Transzendente Feng-Shui-Heilmittel

Zusätzlich zu dem physischen Feng Shui ist es auch noch möglich, eine Art transzendentes Feng Shui zu praktizieren. Dies ist besonders wirkungsvoll bei der Schaffung von Heilenergien, und es unterstützt die medizinische Versorgung von Menschen, die unter schweren Krankheiten leiden. Die Methode bedient sich spezieller Visualisierungstechniken und Mantras.

Transzendentes Feng Shui macht sich hauptsächlich zwei Visualisierungen des Geistes zunutze: eine zur physischen Verstärkung der Umgebung und eine weitere, die sich mit der ganz konkret zu behandelnden Krankheit befaßt. Oftmals grenzt die Wirkung dieser Visualisierungen, vor allem, wenn sie mit Mantras verbunden sind, geradezu ans Wunderbare. Die Leute werden nicht nur gesund, sondern sie genesen so rasch, daß es überwältigend sein kann.

In diesem Kapitel habe ich bisher beschrieben, wie Sie Ihre Umgebung nach Feng-Shui-Richtlinien verändern können, um vor Krankheiten zu schützen. Um diese Veränderungen zu bekräftigen, ist es hilfreich, wenn Sie das gewünschte Endergebnis visualisieren. Sie können dies zu jeder Tages- und Nachtzeit machen, doch sind die frühen Morgenstunden kurz vor Sonnenaufgang am besten geeignet. Setzen Sie sich in einen ruhigen Raum, und blicken Sie in Ihre Tien-Yi-Richtung, um sich Heilenergie zuzuführen. Schließen Sie die Augen, sammeln Sie sich, machen Sie ein paar tiefe Atemzüge, und entspannen Sie sich, bevor Sie beginnen.

Denken Sie: »Ich möchte die äußeren Feng-Shui-Veränderungen, die ich vorgenommen habe, jetzt unterstützen.« Stellen Sie sich das, was immer Sie auch leiden läßt, als Blockaden in Ihrem Qi vor, das durch Ihren Körper fließt. Stellen Sie sich Ihre Krankheiten als konkrete Hindernisse vor, die aus dem Weg geräumt werden müssen. Je mehr Sie über Ihre Krankheiten wissen, um so anschaulicher können Sie die Blockaden visualisieren. Erzeugen Sie sehr starke Energien, um gegen die Krankheit anzukämpfen, die Ihren Körper schwächt und ihn verfallen läßt. Seien Sie sehr konzentriert, doch vergessen Sie dabei nicht zu atmen. Stellen Sie sich vor, wie Ihr Geist das Hindernis mit großer Kraft aus Ihrem System hinausschiebt. Oder anders ausgedrückt: Wehren Sie sich! Bekämpfen Sie die Krankheit auf der mentalen Ebene.

Erzeugen Sie in Ihrem Geist mentale Feng-Shui-Bilder, die Ihnen zeigen, wie Ihre eigene Energie die schlechte Energie, die Ihre Krankheit verursacht, vernichtet. Visualisieren Sie die Auflösung der Blockaden. Atmen Sie die frische Luft tief ein, und stellen Sie sich vor, wie zusätzliche neue Energie in Ihren Körper strömt, die Blockaden Ihres Systems durchdringt und auflöst. Je stärker die Visualisierung ist, desto größer und schneller ihre Wirkung. Dann führen Sie sich vor Augen, wie all die schlechte Energie sich in schwarze Tinte verwandelt und aus Ihrem Körper heraus- und tief in die Erde hineinfließt. Führen Sie diese transzendente Heilung regelmäßig durch, bis es Ihnen zur Gewohnheit wird, solche Bilder in Ihrem Kopf entstehen zu lassen. Doch betrachten Sie diese Methode nicht als Alternative zu einer konventionellen medizinischen Versorgung! Sie ist eine sehr hilfreiche Ergänzung zu der medizinischen Versorgung, die Sie erhalten.

Und nun möchte ich noch ein äußerst wirkungsvolles Heil-Mantra mit Ihnen teilen. Ich habe von meinem sehr freundlichen Lama, der mir dieses Mantra übermittelt hat, die Genehmigung erhalten, es durch dieses Buch weiterzugeben, um jenen zu helfen, die schwer krank sind und vielleicht nach alternativen Heilungssystemen Ausschau halten. Es ist das Mantra des heilenden Buddha. Visualisieren Sie den heilenden Buddha über Ihrem Kopf. Er hat einen dunkelblauen Körper und ist einfach wunderschön. Vielleicht ist es Ihnen möglich, eine Abbildung davon zu finden, dann werden Ihre Visualisationen lebhafter. Singen Sie das Mantra des heilenden Buddha siebenmal jeden Morgen und siebenmal jeden Abend. Singen Sie es, während Sie visualisieren. Wenn Sie sich dieser Aufgabe ernsthaft hingeben, dann wird in Ihnen nicht nur ganz von selbst ein Bild des heilenden Buddha entstehen, Sie werden auch spüren, daß es Ihnen bessergeht. Hier ist das Mantra:

Om Bhaykandze, Bhaykandze
Maha Bhaykandze Ratna Samu Gate Soha

Natürlich können Sie das Mantra auch häufiger singen, das wäre sogar noch besser. Das Mantra des heilenden Buddha wird für außerordentlich wirkungsvoll gehalten, und es ist sehr nützlich, es regelmäßig zu singen. Noch besser wirkt es, wenn Sie es für einen anderen Menschen singen – eine geliebte Person, die schwer krank ist, einen Großvater oder einfach einen Fremden, dem Sie auf der Straße begegnet sind. Die Buddhisten glauben, daß Gebete, die um eines anderen Menschen willen gesprochen werden, von höchster Wirksamkeit sind.

Der Reichtum der Liebe

*»Stimme dich ein auf die Intensität
deiner eigenen Aura, die darüber hinaus
auch dein Yang-Energiefeld ist.
Es ist das unsichtbare Licht, dessen Intensität
dein Energieniveau widerspiegelt.«*

Es ist gut, sich jeden Tag ein paar Augenblicke Zeit zu nehmen, um sich auf sich selbst einzustimmen. So fühlen Sie sich geerdet und ausgeglichen. Beginnen Sie, indem Sie sich irgendwo einen ruhigen Platz suchen. Dann machen Sie mehrere tiefe Atemzüge. Sobald Sie spüren, daß Ihr Körper sich entspannt, lassen Sie es zu, daß ein weiches Gefühl von Ihnen Besitz ergreift. Dann stimmen Sie sich auf sich selbst ein: Konzentrieren Sie sich auf Ihr Sein. Nehmen Sie Ihre Gefühle wahr, und spüren Sie die Liebe in Ihnen. Genießen Sie das Aufwallen von Zuneigung und Zärtlichkeit. Geben Sie diesen Gefühlen Raum, und lassen Sie sie aus sich herausströmen zu den Menschen, mit denen Sie leben und arbeiten. Konzentrieren Sie sich jeden Tag ein paar Minuten lang auf diese Weise.

Sich mit dem liebenden Selbst in Ihrem Inneren zu verbinden, wird Ihnen jeden Tag ein bißchen leichter fallen und schon bald eine liebevolle Grundeinstellung in Ihnen entstehen lassen. Eine solche Einstellung läßt Sie sanft auftreten und verwandelt Sie in einen liebenswürdigen Menschen, der von positiver, anziehender Energie erfüllt ist. Diese ganz besondere Art Energie besitzt eine unheimlich verstärkende Wirkung. Wenn Sie Liebe in Ihr Leben ziehen wollen, dann müssen Sie sich bemühen, diese Art liebender Energie zu entwickeln.

Sagen Sie sich, daß Sie von heute an Ihre Einstellung gegenüber all dem Negativen, den lästigen Dingen und nervigen Menschen in Ihrem Leben verändern wollen. Sie werden nicht so streng mit sich sein. Sie werden mit sich und anderen nicht zu kritisch sein, wenn Dinge schiefgehen oder sich nicht so entwickeln, wie Sie es sich vorgestellt haben. Sie werden sich dem Fluß hingeben und lernen, sich selbst bedingungslos zu lieben. Indem Sie sich selbst auf diese Weise begegnen, werden Sie in die Lage versetzt, auch andere Menschen in diesem Licht zu sehen. Sie werden für andere eine ebenso bedingungslose Liebe entwickeln.

Diese Herangehensweise wird Ihnen die Augen für die strahlende Seite der Menschen, Situationen und Umstände in Ihrem Leben öffnen. Sobald Sie die Bereitschaft entwickeln, sich selbst und andere ohne irgendwelche Bedingungen zu lieben, wird sich Ihr Energiefeld des Wohlwollens erheblich ausweiten. Blicken Sie nach vorn, um all die positiven Energien des Universums zu empfangen. Beginnen Sie an der Magie Ihrer eigenen Liebesfähigkeit zu arbeiten. Lächeln Sie öfter, und lachen Sie über die Komik alltäglicher Ereignisse. Lachen ist ansteckend und erzeugt unglaublich starke positive Energien. Es hilft Ihnen außerdem, gelassener zu werden und nicht mehr so leicht die Fassung zu verlieren, wenn Dinge oder Leute Sie nerven oder ärgern.

Eine starke Aura

Sich auf diese Weise auf die eigene Liebesfähigkeit einzustimmen, verstärkt Ihre Aura, Ihr Yang-Energiefeld, ganz erheblich. Die Aura ist das unsichtbare »Licht«, das jedes Lebewesen umgibt. Die Intensität dieses Lichts gibt die Konzentration des

Energieniveaus zurück, das der betreffende Mensch hat. Je mehr yang Sie als Person sind, desto stärker ist Ihre Aura.
Je stärker Ihre Aura ist, desto fähiger sind Sie, Menschen in Ihr Leben zu ziehen – Menschen, die Sie lieben und die sich von Ihnen angezogen fühlen. Ihre Aura ist Ihre Ausstrahlung, sie spiegelt Ihre persönliche Kraft wider. Es ist ein unglaublich erhebendes Gefühl, wenn Sie sich Ihrer eigenen, wunderschönen Aura bewußt werden.
Sie können sich mit den Energien in Ihnen verbinden und sie verstärken. Das gelingt besonders gut, wenn sich die inneren Energien mit einer günstigen und harmonischen Umwelt in Einklang befinden. An dieser Stelle kommt Feng Shui ins Spiel, denn Feng Shui ermöglicht es Ihnen, Gleichgewicht und Harmonie in Ihrem Lebensraum zu erzeugen. Der Einsatz von Feng Shui trägt einen wichtigen Teil dazu bei, wenn Sie zu einer attraktiven Persönlichkeit werden wollen: Er vermag das Ihnen innewohnende Qi zu aktivieren und energetisch aufzuladen.
Feng Shui kann eine Umgebung schaffen, die von einer Atmosphäre günstiger Energien durchtränkt ist. In einer solchen Umgebung ist es einfacher, Selbstvertrauen, Optimismus und Frohsinn zu entwickeln. Dies wiederum fördert eine Einstellung, die es Ihnen ermöglicht, die Gelegenheiten zu ergreifen, die Feng Shui Ihnen schickt. Ja wirklich, wenn Feng Shui richtig angewendet wird, dann vergrößert es Ihre persönliche Macht so erheblich, daß sich mit ihr auch Ihre Anziehungskraft verstärkt.
Visualisieren Sie sich selbst, umgeben von glücklichem Lachen, von phantastischen Menschen, die Sie lieben. Setzen Sie die besonderen Kräfte frei, die die Energie Ihres Umfelds verstärken. Denken Sie daran, daß Feng Shui sich zwar auf unbelebte Objekte richtet, daß es aber letztlich das optimale

Gleichgewicht aller Energien ist, das ein gutes Feng Shui schafft. Hierbei sind die menschliche Präsenz und die den Menschen innewohnenden Energien ein wichtiger Faktor.
Die Bewohner jeglicher Behausungen sind selbst die vorrangige Quelle der Yang-Energie. Es sind überall die Lebewesen, die am meisten yang sind und selbst Yang-Energie benötigen, um zu wachsen, sich zu entwickeln, am Leben zu bleiben und um gesund, glücklich und zufrieden zu sein. Von Menschen mit einer positiven Einstellung und Selbstvertrauen heißt es, daß sie sehr yang sind und selbst eine beträchtliche Menge Yang-Energie produzieren. Das verleiht ihnen eine sehr günstige Aura, vor allem wenn es darum geht, andere mit Yang-Energie aufgeladene Symbole anzuziehen.
Haben Sie schon einmal bemerkt, wie glückliche, aktive und positiv eingestellte Personen immer noch mehr Menschen anziehen? Und wie negative, pessimistische Leute andere Menschen abzustoßen scheinen? Feng Shui bringt genau diese Art Energie im Zusammenhang mit Raum zum Ausdruck. Wenn wir in unserer Umgebung aktive Yang-Energie verursachen, dann wirkt dieser Raum attraktiv und vielversprechend. Probleme beginnen immer dann, wenn wir zu viel Yin-Energie haben oder wenn wir *zu viel* Yang-Energie einbringen. Wenn Yang-Energie stark überwiegt, dann hört Yin-Energie auf zu existieren und tötet sogleich die Yang-Energie mit ab. Es ist also entscheidend, das richtige Gleichgewicht zu erreichen. Aktivieren Sie also das Beziehungs-Feng-Shui, um Liebe in Ihr Leben zu tragen!

Mit Feng Shui zwischenmenschliche Beziehungen verbessern

Sobald man sich die Bedeutung der Aura, also des Yang-Energiefeldes, bewußtgemacht hat, ist es leicht zu verstehen, daß der Beginn einer Beziehung eine angemessene Yang-Atmosphäre erfordert. Es gibt viele verschiedene Möglichkeiten, eine stärker yang-geprägte Umgebung herzustellen, die es ermöglicht, auf angemessene Weise mit anderen Menschen Kontakt zu bekommen.

Die richtige Anwendung von Feng Shui verlangt, daß Energetisierungstechniken und -methoden nie solche Ausmaße annehmen, daß aus gutem Feng Shui schlechtes Feng Shui wird. Oder daß eine günstige, warme Umgebung leblos wird. Ein Zustand der Leblosigkeit ist weit schlimmer als eine ganz und gar stille Umgebung, die übermäßig yin ist. Dies muß man insbesondere dann im Gedächtnis behalten, wenn es um Feng-Shui-Methoden geht, die die richtige energetische Basis für Geselligkeit, Ehe, Familie und Liebe schaffen sollen.

Jene von Ihnen, die Feng-Shui-Methoden einsetzen wollen, weil sie sich ein aktiveres gesellschaftliches Leben wünschen, werden von einer nach Süden weisenden oder im südlichen Teil angelegten Eingangstür profitieren. Die südliche Ecke ist der Teil des Heims, von dem es heißt, daß er gewaltige Mengen Yang-Energie speichert. Zugleich wird der Süden auch für die Himmelsrichtung gehalten, aus der eine große Menge Yang-Energie bezogen werden kann. Darum liegt eine nach Süden weisende oder eine im Süden plazierte Tür günstig, um die energetische Grundlage für einen aktiveren sozialen Umgang zu schaffen. Sollten Sie die Yang-Energie noch weiter stärken wollen, dann können Sie dies tun, indem Sie die Tür rot

Die Eingangstür energetisieren

Süden
Siehe vorangegangenen Haupttext.

Norden
Wenn Ihre Tür nach Norden weist oder sich in der nördlichen Ecke Ihres Zuhauses befindet, dann sollten Sie dort ein metallenes Windspiel mit sechs Klangkörpern aufhängen. Es wird diesen Sektor um starke Yang-Energie bereichern und dennoch das Gleichgewicht mit dem Element des Nordens, mit Wasser, halten: Im Zyklus der Elemente erzeugt Metall Wasser. Das Klingeln des Windspiels verstärkt das gesellschaftliche Leben der Bewohner, und diese Beziehungen werden ruhig und mit wenigen Konflikten und Mißverständnissen dahinfließen, wenn auch der Südwesten richtig energetisiert wurde.

Osten oder Südosten
Wenn Ihre Tür nach Osten oder Südosten weist oder sich in der östlichen beziehungsweise südöstlichen Ecke Ihres Zuhauses befindet, dann sollten Sie gleich hinter der Tür ein einzelnes mit Wasser gefülltes Gefäß aufstellen. Der Behälter muß, wenn Sie in der Eingangstür stehen und hinausblicken, linker Hand stehen. Wechseln Sie das Wasser täglich oder dreimal die Woche, und decken Sie es nicht ab. Das Wasser wird das Holzelement dieser Ecke um wunderbare Lebendigkeit bereichern. Achten Sie zudem darauf, daß der Eingangsbereich hinter der Tür gut beleuchtet ist. Eine Lampe, die von der Decke hängt, ist besser als eine Wandleuchte, da sie den ganzen

Bereich gleichmäßig mit Yang-Energie erfüllt. Diese Maßnahme wird zudem ganz allgemein das Feng-Shui-Glück des Hauses verbessern.

Westen oder Nordwesten

Wenn Ihre Tür nach Westen oder Nordwesten weist oder sich in der westlichen beziehungsweise nordwestlichen Ecke Ihres Zuhauses befindet, dann sollten Sie ein Bild von einer Gebirgslandschaft als Symbol für Erde in der Nähe der Tür aufhängen. Um den Einfluß des Südwestens darzustellen, wäre es wunderbar, wenn das Bild zwei Gipfel darstellte, da Zwei die Gua-Zahl dieser Himmelsrichtung ist. Noch besser ist es, wenn Sie die Abbildung einer Gebirgskette aufhängen, die reich an Goldlagerstätten ist. Verwenden Sie keine Berggipfel, die zu spitz oder zu dreieckig sind, da diese das Feuerelement symbolisieren, was das Metallelement dieser Himmelsrichtung zerstört. Falls es Ihnen nicht möglich ist, ein passendes Bild aufzutreiben, dann können Sie auch dekorative Keramikwaren in der Nähe der Eingangstür aufstellen.

Nordosten oder Südwesten

Wenn Ihre Tür nach Nordosten oder Südwesten weist oder sich in der nordöstlichen beziehungsweise südwestlichen Ecke Ihres Zuhauses befindet, dann haben Sie es mit dem Erdelement zu tun, und dieses ist besonders wirkungsvoll, um Beziehungsglück zu aktivieren. Der Südwesten ist die Ecke, durch die im allgemeinen Liebe und Ehe symbolisiert werden. Den Südwesten assoziiert man außerdem mit Mutter Erde, wie das Trigramm Kun es zum Ausdruck bringt. Um eine dieser beiden Ecken zu stimulieren und wertvolle Yang-Intensität zu erzeugen, gibt es nichts Besseres als helle, strahlende Lichter. Mir selbst gefallen Kristalleuchter am besten, da sie das Strahlen anhaltender Freundschaften und Beziehungen symbolisieren. Bringen Sie einen solchen Kristalleuchter in der Nähe der Eingangstür an. Er wird nicht nur Ihr gesellschaftliches Leben verbessern – das sich im Kristall brechende Licht wird außerdem das Qi des Reichtums anziehen.

anstreichen. Dafür eignet sich ein dunkles Braunrot, da hier die Yang-Energie durch die Mischung mit Schwarz, das yin ist, ausgeglichener ist als bei einem leuchtenden Rotton. Wenn Ihre Eingangstür sich nicht nach Süden öffnet, dann entnehmen Sie bitte dem vorstehenden Kasten, wie Sie bei den übrigen Himmelsrichtungen die Yang-Energie stärken können.

Den idealen Lebenspartner finden

Mit am schönsten, wenn man über Feng Shui schreibt, ist, daß man Menschen Freude bringen kann. Ich erhalte oft Briefe von Lesern, die durch meine Bücher ihren Traumpartner gefunden haben. Ich freue mich immer sehr über diese herzerwärmenden Dankesbriefe, in denen sie mir berichten, wie sie zueinander gefunden haben, nachdem sie ihre Liebes- und Eheecken aktiviert hatten.

Bei vielen reichte es bereits aus, in der südwestlichen Ecke ihres Schlafzimmers ein Paar farbenprächtiger Mandarinenten aufzustellen, um ihnen die Augen für romantische Gelegenheiten zu öffnen. Andere entdeckten, daß der Einsatz eines hellen und intensiven Rotlichts, wieder in der südwestlichen Ecke, Liebe in ihre Herzen brachte. Es gibt viele verschiedene Möglichkeiten, die richtige energetische Basis herzustellen, um einen Ehepartner zu finden, doch müssen Sie sich wirklich sicher sein, daß Sie bereit sind, eine solche Verpflichtung einzugehen.

Im Rahmen der chinesischen Ansichten von Leben und Familie unterscheidet Feng Shui recht streng zwischen der Ehe und einer Affäre. In der chinesischen Tradition sind Liebe, Ehe und Familie eng miteinander verbunden und bedeuten ein und dasselbe. Wenn Sie also die Elemente des Südwestens stimulieren, dann aktivieren Sie mit ihnen auch Ihr Familienglück. Sie sollten das Eheglück also nur energetisieren, wenn Sie auch wirklich eine so feste Bindung eingehen möchten.

Sie aktivieren Eheglück, indem Sie eine lange Stange in die südwestlichen Ecke Ihres Gartens stecken und ein Licht darauf installieren – dies lassen Sie jede Nacht mindestens drei Stunden lang brennen. Schon bald werden alle Söhne und Töchter des Hauses im heiratsfähigen Alter von ernsthaften Freiern umworben werden. Diese Technik ist besonders wirkungsvoll, wenn Sie als Alleinstehender einen Ehepartner suchen. Doch garantiert sie nicht, daß es sich dabei um den idealen Gefährten handeln wird. Sie sorgt dafür, daß Ihr Eheglück reift, doch bedeutet dies nicht zwangsläufig, daß Ihre Ehe glücklich oder von langer Dauer sein wird. Dieser Teil der Glücksgleichung bleibt Ihrem Menschheits- und Himmelsglück, also Ihrem Schicksal oder Karma, überlassen.

Aus diesem Grund rate ich meinen alleinstehenden Freunden immer, sich ein möglichst genaues Bild von der Art Partner zu machen, die sie sich wünschen. Entwickeln Sie eine starke und klare Vorstellung von dem für Sie idealen Lebenspartner. Nur wenn Sie Ihre Erwartungen und Wünsche genau durchdacht haben, werden die Ihnen innewohnenden Energien Ihnen helfen, einen Menschen zu realisieren, der Sie wahrhaft glücklich macht. Normalerweise denken die Leute, wenn ich über potentielle Lebenspartner spreche, entweder an jemanden, mit dem sie schon ausgehen, der aber noch zögert, eine Bindung einzugehen, oder sie haben gar keine Vorstellung, welche Art Mensch sie sich an ihrer Seite wünschen.

Einen zögernden Menschen dazu zu bewegen, sich auf die Ehe einzulassen, kommt dem Versuch gleich, Feng Shui als Liebestrank zu verwenden – und das funktioniert leider nicht. Es ist nicht möglich, Feng Shui so einzusetzen, daß jemand, der sich nicht für Sie interessiert, es nun auf einmal doch tut. Aber Sie können Feng Shui benutzen, um einen Bindungsprozeß zu beschleunigen oder um ernsthafte Heiratsabsichten in Ihr Leben hineinzutragen.

Wenn Sie die Lebendigkeit der südwestlichen Ecke stark genug intensivieren, dann wird das Erdenglück kräftig darauf zuarbeiten, Ihnen in eine Ehe- und Familiensituation zu helfen. Sie werden feststellen, daß Sie jemandem begegnen oder einem Menschen vorgestellt werden, dessen Wunsch, eine Familie zu gründen, ebenso ausgeprägt ist wie der Ihre. Ich war verblüfft, wie schnell Feng Shui funktioniert, wenn es darum geht, potentielle Ehefrauen mit potentiellen Ehemännern zusammenzubringen. Erst vor einer Woche erhielt ich eine E-Mail von einem sehr glücklichen jungen Mann aus Singapur, der schon bald nach der Energetisierung seiner Ecke eine Ehefrau gefunden hatte. Die beiden erwarten ihr erstes Kind.

Wird der Südwesten auf diese Weise gestärkt, hilft das auch, den Wunsch nach einem Kind zu erfüllen. Die Energie der Erdmutter wird sehr gestärkt, wenn man sie im Südwesten mit Licht unterstützt. Lichter stehen nicht nur symbolisch für

Einen Partner visualisieren

Stellen Sie sich vor, wie Ihr Gefährte ungefähr aussehen soll. Machen Sie sich klar, wie wichtig Ihnen das Aussehen ist. Muß sie hübsch sein? Muß er großgewachsen sein? Muß er sich geschmackvoll kleiden? Gibt es irgendwelche körperlichen Merkmale, mit denen Sie besonders schlecht leben können? Fallen Ihnen irgendwelche Gewohnheiten ein, die Sie nicht ertragen könnten? Die Menschheit ist von unglaublicher Vielfalt. Kein Mensch ist dazu in der Lage, sich die perfekte Zusammensetzung eines Mannes oder einer Frau vorzustellen, doch ist es möglich, die wichtigsten Eigenschaften zu durchdenken, die einen unglücklich oder zornig machen oder einem auf die Nerven fallen würden. Es ist besser, im Geiste eine solche Liste zusammenzustellen und sich über die eigenen Prioritäten Klarheit zu verschaffen, als später aus der Fassung zu geraten.

Als nächstes ist es sinnvoll, stimmlichen Ausdruck und Redegewohnheiten zu durchdenken, die Ihnen an einem Lebenspartner gefallen würden. Wünschen Sie sich jemanden, der leise spricht und schüchtern ist, oder würde ein solcher Mensch Sie sehr ungeduldig machen? Mögen Sie es, wenn sich jemand aggressiv und kraftvoll zum Ausdruck bringt? Würden Sie einen Partner vorziehen, der nicht zu viel spricht? Die Attribute Sprache, Akzent und Körpersprache spielen in der Attraktivitätsgleichung eine wichtige Rolle. Auch hier ist es sinnvoll, sich hinzusetzen und analytisch über diese Dinge zu meditieren. Das wird Ihnen helfen, Klarheit zu finden.

Zuletzt sollten Sie darüber nachdenken, welche Eigenschaften im Hinblick auf Vorstellungen, Gedanken und Motivationen

Sie an dem Menschen sehen möchten, der Ihren idealen Lebenspartner darstellt. Diese drei Dimensionen sind die Substanz des Geistes, welche den Charakter eines Menschen definiert. Ob jemand zu Ihnen paßt oder nicht, hängt davon ab, wie dieser Mensch auf die Welt zugeht, wie er denkt, warum er die Dinge tut, die er tut, und warum er so denkt, wie er denkt. In ihren Motivationen steckt ein Berg von Informationen über jede Person. Wenn Sie ernsthaft über diese Dinge nachdenken, dann werden Sie auch die Person klarer erkennen, die Sie selbst sind.

In welchem Maß Sie mit dem Menschen übereinstimmen, mit dem zusammen Sie ein Zuhause und eine Familie aufbauen, liegt also bei Ihnen. Die äußeren Umstände, die dafür sorgen, daß sich die richtigen Gelegenheiten bieten, können durch Feng Shui erschaffen und verstärkt werden. Doch indem Sie Feng Shui durch meditative Visualisierung ergänzen, wird es Ihnen viel schneller möglich sein, Ihren Wunschpartner zu finden. Und so schaffen Sie wahrscheinlicher Anlässe für das Glück und nicht für das Unglück.

Yang-Energie, sie manifestieren auch das Feuerelement, welches Erde erzeugt. Diese beiden Dinge zusammen ermöglichen oft das, was Chinesen als »Hei See« oder »glückliche Anlässe« bezeichnen. In China sind die drei wichtigsten Hei See im Leben eines Menschen der Anlaß der Eheschließung, ein Geburtstag in hohem Alter und eine Geburt.

Wenn Sie also Feng Shui einsetzen wollen, damit es Ihnen dabei hilft, einen Ehemann oder eine Ehefrau zu finden, dann müssen Sie erst einmal sicher sein, daß die Ehe Ihnen auch wirklich das erhoffte Glück beschert. Als nächstes überlegen

Sie, welche Art Frau für Sie die ideale Ehefrau und welcher Mann den idealen Ehemann abgibt. Nehmen Sie sich Zeit, diese Vorstellungen genau zu durchdenken. Im Kasten auf Seite 165–166 finden Sie Anregungen für die Visualisierung Ihres Wunschpartners.

Feng Shui kann Sie auch dabei unterstützen, Hindernisse aufzulösen, die Ihnen und Ihrem Glück im Weg stehen. Wenn beispielsweise dem Feng Shui des Südwestens durch das Vorhandensein einer vielbenutzten Toilette in diesem Teil des Hauses zugesetzt wird, dann wird täglich ein großer Teil Ihres Eheglücks fortgespült. Auch die Küche im Südwesten lastet schwer auf Ihrem Eheglück. Und wenn Sie dort eine Vorratskammer haben, dann wird Ihr Eheglück abgestanden und kalt. In welchem Umfang sich diese Beeinträchtigungen auf das Ehe- oder Beziehungsglück des Haushalts auswirken, ist abhängig vom Schicksalsglück jedes einzelnen Haushaltsmitglieds.

Das Unglück durch ein schlechtes Feng Shui wird noch verstärkt, wenn Sie gerade eine schwierige astrologische Phase durchlaufen oder aber der fliegende Stern den Südwesten Ihres Hauses zusätzlich ungünstig beeinflußt. Zerbrochene Beziehungen, Streit und Mißverständnisse nehmen dann noch zu. Der fliegende Stern beeinträchtigt den Südwesten in den Jahren 2001 und 2004. Normalerweise wird diese weit gefaßte Lesart noch durch die Überprüfung des fliegenden Sterns für die Monate und Tage des betreffenden Jahres unterstützt, hierauf wurde in diesem Buch jedoch verzichtet.

Die Aussichten auf eine Eheschließung verstärken

Feng Shui bietet mehrere unterschiedliche Methoden, um mit einem besonderen Menschen auch eine Fülle von Liebe und Glück zu erlangen. Wenn Sie es wirklich wünschen, können Sie mit Feng Shui Ihre Aussichten auf eine Ehe sehr leicht vergrößern.

Mandarinenten sind wunderbare Symbole für die eheliche Gemeinschaft. Hängen Sie ein Bild eines solchen Entenpaars in Ihrem Schlafzimmer auf. Oder kaufen Sie ein Paar Enten aus Keramik, aus Kristall oder aus einem erdfarbenen Halbedelstein. Verzichten Sie auf Mandarinenten aus Holz, da sie von geringerer Wirkung sind. Wenn die Enten aus einem erdigen Material gefertigt sind oder noch besser aus einem Halbedelstein, dann verbinden sie sich besser mit dem Erdelement, das dem Südwesten zugeordnet ist.

Ich rate Ihnen zu einem Entenpaar aus rotem Jaspis. Dies ist ein Stein, der sich ganz besonders für Feng-Shui-Glückssymbole eignet. Die rote Farbe ist ein Hinweis auf die Gegenwart von Yang-Energie, und sie weist auch auf das Vorhandensein von Hämatit hin, den die alten Chinesen für den wertvollsten Stein der Erde halten.

Hämatit enthält einen Anflug von Eisen. Er besitzt die tiefe Energie der Erde ebenso wie die des Meeres und ist bekannt für seine mächtigen energetisierenden Eigenschaften. Die Verbindung zwischen dem im Hämatit enthaltenen Eisen und dem Magnetfeld der Erde könnte sehr wohl die Ursache für den scheinbar endlosen Energievorrat dieses Steins sein. Vereinigt mit Quarz wird er zu rotem Jaspis, einem Stein, der reich gesegnet ist mit Heil- und Schutzmerkmalen.

Stellen Sie keine einzelnen Enten oder Dreiergruppen auf. Eine einzelne Ente steht für Einsamkeit und Trauer. Fast alles, was nur einmal vorkommt, suggeriert Einsamkeit, und daher kommen bei den Chinesen vielversprechende Objekte und Symbole fast immer in Paaren vor. Wenn Sie drei Enten aufstellen, dann könnten Sie es in Ihrer Beziehung mit Untreue und Vertrauensbruch zu tun bekommen. Es drängen sich dann zu viele Menschen in Ihre Ehe.

Paare bedeuten außerdem doppeltes Glück. Die Verdoppelung von Symbolen für Eheglück verheißt also eheliche Glückseligkeit. Dementsprechend kommen die chinesischen Schriftzeichen für doppeltes Glück als dekorative Symbole bei Hochzeitsmahlen sehr häufig zum Einsatz. Das Schriftzeichen für doppeltes Glück im ehelichen Schlafzimmer energetisiert das Eheglück nachhaltig.

Stellen Sie Ihr eigenes Symbol für doppeltes Glück her, indem Sie das nachfolgende Symbol abzeichnen und vergrößern. Schmücken Sie es mit Blumen, und hängen Sie es als Poster an die Wand. Oder legen Sie es unter das Glas Ihrer Frisierkommode. Das Schriftzeichen für doppeltes Glück ist äußerst vielversprechend und zieht außer einer Fülle von Eheglück auch noch andere Arten von Familienglück an.

Die beste Methode, um Eheglück zu aktivieren, besteht jedoch darin, das Feng Shui der fünf Elemente mit der Kompaßschule des Feng Shui zu verbinden. Diese Kombination verlangt von Ihnen, zwei Dinge gleichzeitig zu tun. Erstens müssen Sie die südwestliche Ecke mit dem Feuerelement aktivieren. Plazieren Sie zu diesem Zweck ein helles Licht in der entsprechenden Ecke Ihres Wohn- oder Schlafzimmers. Im Zyklus der fünf Elemente bringt Feuer Erde hervor. Ein helles Licht im Südwesten stimuliert folglich die Produktion von Erde, die so den Südwesten stärkt. Dies wiederum fördert die Aussicht auf eine Eheschließung, da der Südwesten die Entstehung der Familie symbolisiert.

Zweitens sollten Sie Ihr Bett so aufstellen, daß Ihr Kopf in die Richtung Ihrer persönlichen Nien-Yen-Zahl weist. Dies ist die Himmelsrichtung, die in Ihrem Leben Liebe, Ehe, Familie und gute Beziehungen energetisch auflädt. Stellen Sie Ihr Bett auch dann um, wenn es nicht mehr direkt mit der Wand abschließt. Versuchen Sie, Ihre neue Schlafrichtung genau zu messen, da sich die Aktivierung des Nien Yen im Zusammenhang mit Familiendingen und sozialen Kontakten äußerst günstig auswirkt.

Wenn Sie sich diese Himmelsrichtung zunutze machen, dann denken Sie aber bitte an die allgemeinen Feng-Shui-Tabus für Betten (siehe Seite 125–130). Wie bei allen übrigen Feng-Shui-Empfehlungen ist es jedoch rein praktisch nicht immer möglich, Möbelstücke oder Türen an ihrem idealen Standort und in ihrer besten Ausrichtung zu plazieren. Darum biete ich oft mehrere Verfahrensweisen an, um Liebesglück zu aktivieren. Es ist nicht erforderlich, jeden meiner Vorschläge auch umzusetzen. Oft reicht es bereits aus, eine einzige hier beschriebene Methode oder Technik richtig anzuwenden.

Damit Sie Ihre persönliche Nien-Yen-Richtung feststellen

können, müssen Sie Ihre Gua-Zahl (siehe Seite 82) herausfinden und dann die nachfolgende Tabelle konsultieren, in der die Gua-Zahlen mit den Nien-Yen-Richtungen verknüpft wurden.

Ihre Nien-Yen-Richtung

Gua-Zahl	*Ihre Nien-Yen-Richtung*
1	Süden
2	Südwesten
3	Südwesten
4	Osten
5	Nordwesten für Männer, Westen für Frauen
6	Südwesten
7	Nordosten
8	Westen
9	Norden

Sich allein auf die Aktivierung des Eheglücks zu beschränken, reicht jedoch nicht aus. Sie müssen außerdem dafür sorgen, daß die Yin- und Yang-Energien in Ihrem Haus oder in Ihrer Wohnung keine Vibrationen erzeugen, die Ihren Zielsetzungen entgegenwirken. Das bedeutet, daß sich die männlichen und weiblichen Energien in Ihrem Zuhause in einem guten Gleichgewicht befinden sollten.

Eine Frau, die einen Ehemann finden will, muß also dafür sorgen, daß es in Ihrer Wohnung nicht zu feminin aussieht. Es sollte dort auch Hinweise auf männliche Energie geben. Wenn ausschließlich Bilder von Frauen die Wände schmücken,

wenn alle Polstermöbel mit Rüschen besetzt und mit Blumenmusterstoffen bezogen sind und die gesamte Farbgebung ausschließlich weibliche Energie spüren läßt, dann stehen die Chancen schlecht, einen Mann auf Dauer zu binden. Im Feng Shui ziehen sich Gegensätze nicht zwangsläufig an.
Gleiches gilt für Junggesellenbuden, die ebenfalls nicht zu ausschließlich männlich sein sollten. Wenn weibliche Energie ganz und gar fehlt, dann sind Yin und Yang aus dem Gleichgewicht. Dem Junggesellen wird es schwerer fallen, eine Ehefrau zu finden, da sein Zuhause das Hinzukommen weiblicher Energie nicht fördert.
Die beste Art, die Wohnung eines Alleinstehenden einzurichten, selbst wenn er oder sie noch gar nicht plant, sich auf Dauer zu binden, besteht in einer guten Mischung aus männlichen und weiblichen Energien. Wenn nur ein Geschlecht dominiert, dann befindet sich das Feng Shui im Ungleichgewicht. Es kann sich nicht auf günstige Weise entfalten, und Ehe- beziehungsweise Familienglück nehmen ab.

Die Energien der Liebe aktivieren

Am besten wird guter Sex (vor allem für Männer) durch das Vorhandensein der Mou-Tan-Blume, der Pfingstrose, aktiviert. Sie ist ein Symbol der köstlichsten Leidenschaft. Ihre Bedeutung geht zurück auf eine mythische Erzählung, in der die Mou-Tan-Blume mit einer der berühmtesten kaiserlichen Konkubinen in der chinesischen Geschichte in Beziehung gebracht wurde. Es heißt, daß die legendäre Yang Kuei Fei, Chinas bekannteste Konkubine und die Favoritin des Kaisers, sich des Geheimnisses ewiger Jugend und Schönheit erfreute, weil sie die Pfingstrose so sehr liebte.

Im Verlauf des Jahres wurden aus allen Teilen Chinas Pfingstrosen in die Hauptstadt gebracht, um Yang Kuei Feis Räumlichkeiten und ihr Boudoir im kaiserlichen Palast zu schmücken. Die offenbar magischen Qualitäten der Blume wirkten wie ein Aphrodisiakum und luden die Zimmer der jungen Konkubine energetisch so stark auf, daß der Kaiser sie weder verlassen noch genug von ihr bekommen konnte. So ausschließlich liebte der Kaiser sie, und so vollständig war er in ihrem Bann, daß er ihr nichts verweigern konnte, und diese obsessive Liebe war es schließlich, die seinen Untergang bewirkte. Aus diesem Grund ist Yang Kuei Feis Name bis zum heutigen Tag in den chinesischen Geschichtsbüchern erhalten geblieben.
Seither ist die Pfingstrose ein Symbol sexueller Liebe. Das Plazieren der Mou-Tan-Blume soll dafür sorgen, daß die jungen Töchter des Haushalts bald gute Ehemänner finden, die sie so lieben und ehren werden, wie es der Kaiser bei seiner geliebten Konkubine tat. Die Pfingstrose symbolisiert die vollständig erblühte junge Frau. In den ersten Ehejahren wird es als gutes Feng Shui für die Ehe betrachtet, Pfingstrosen ins Schlafzimmer zu stellen.
In späteren Jahren jedoch, wenn das Paar ein mittleres Alter erreicht hat und die Kinder des Haushalts geboren sind, sollten sich keine Pfingstrosen mehr im Schlafzimmer befinden. Denn inzwischen hat sich die junge Frau in die Erdmutter verwandelt, und das Symbol sexueller Leidenschaft ist nicht mehr länger passend für das eheliche Schlafzimmer. Wenn sich auch weiterhin Pfingstrosen im Schlafzimmer befinden, werden sie nur die Fülle der Untreue energetisieren. Der Ehemann wird ein Auge auf andere Frauen werfen. Während dies in der alten Zeit vielleicht akzeptiert und sogar ermutigt wurde, liegen die Dinge heute doch entschieden anders.
Heute verursacht eheliche Untreue Unglück; Untreue befindet

sich nicht in Übereinstimmung mit den moralischen Erwartungen. Das Pfingstrosenbild aus dem Schlafzimmer sollte also fortgeräumt werden, und erst wenn die Töchter ein heiratsfähiges Alter erreicht haben, kann man das Bild im Wohnzimmer aufhängen, um die Energien leidenschaftlicher Liebe zu aktivieren – diesmal allerdings für die nachfolgenden Generationen.

Eine weitere ausgezeichnete Methode, um eheliche Glückseligkeit zu aktivieren, verlangt, daß Ehemann und Ehefrau in Übereinstimmung mit ihrer jeweiligen Nien-Yen-Richtung schlafen. Dies wird für Liebesfülle in ihrem Leben sorgen. Falls die Richtungen von Ehemann und Ehefrau nicht die gleichen sind, sollte man zwei Betten aufstellen, von denen ein jedes in die Richtung weist, die der Nien-Yen-Richtung seines Besitzers entspricht. Auch das läßt sich nicht immer leicht bewerkstelligen, da die meisten Schlafzimmer zu klein sind, um darin zwei Betten auf die verlangte Weise unterbringen zu können. In einem solchen Fall sollte das gemeinsame Bett in die Nien-Yen-Richtung des Ehemanns weisen.

Ich selbst hatte mit dieser Regel Erfolg: Mein Mann und ich gehören unterschiedlichen Gruppen an, was günstige Kompaßrichtungen betrifft. Die Himmelsrichtungen, die mir Glück bringen, verursachen ihm Probleme und umgekehrt. In der ersten Zeit unserer Ehe folgte ich dem obigen Rat und schlief in Übereinstimmung mit der Nien-Yen-Richtung meines Mannes, um unser Familienglück zu energetisieren. Das war eine der Methoden, derer wir uns bedienten, um das Nachkommensglück meines Mannes zu aktivieren. Und heute, viele Jahre später, hat jeder von uns sein eigenes Bett und Schlafzimmer. Die Folge ist, daß wir uns einer Fülle wunderbaren Glücks in vielen Bereichen unseres Lebens und auch in Liebesdingen erfreuen.

Ein besonderer Rat für Frauen

Feng Shui ist eine alte chinesische Wissenschaft und als solche in ihren Richtlinien und Prinzipien auf die Bedürfnisse des Familienpatriarchen abgestimmt. Sie soll ihn erfolgreich, reich und glücklich machen und ein hohes Alter erreichen lassen. Feng Shui stellt in jedem Haushalt sicher, daß viele gesunde Söhne geboren werden, die den Namen der Familie weiterführen. Feng Shui sorgt außerdem dafür, daß es dem Familienoberhaupt nicht an Konkubinen mangelt, da dies ebenfalls sein Ansehen – und damit den Status der Familie – heben soll. Folglich implizieren viele der Techniken zur Schaffung von Familienreichtum unausgesprochen auch viele Frauen und Söhne.

Im Rahmen einer modernen Lebensweise möchte ich daher meinen Leserinnen spezielle Feng-Shui-Ratschläge erteilen. Wenn Sie das Glück Ihres Zuhauses aktivieren, um Reichtum und Wohlstand anzuziehen, dann müssen Sie sich dabei dieser verborgenen Gefahr bewußt sein. Sie müssen darauf achten, daß Sie nicht das umherschweifende Auge Ihres Ehemannes aktivieren oder ihn durch Feng-Shui-Lösungen sogar dazu veranlassen, die Familie zu verlassen und sich eine neue Frau zu suchen. Feng Shui, das ursprünglich geschaffen wurde, um Reichtum und Wohlstand in ein Haus zu ziehen, kann manchmal ungewollt Untreue in einer Ehe verursachen.

Seien Sie darum sehr vorsichtig mit Wassersymbolen. Sie sind wunderbar, um Wohlstandsglück zu aktivieren, vor allem, wenn Sie dies mit Symbolen wie Wasserfällen, Aquarien und kleinen Fischteichen tun. Achten Sie jedoch sorgfältig darauf, sie richtig zu plazieren. Beispielsweise dürfen sich Wassersymbole nicht auf der rechten Seite Ihrer Eingangstür, von innen nach außen blickend, befinden. Dies würde den Mann dazu ermutigen, sein sexuelles Interesse über die Ehe hinaus auszudehnen.

Statt dessen ist es ratsam, das Wassersymbol links von der Eingangstür einzurichten. Diese Richtlinie gilt, ob sich Ihr Wassersymbol nun im Inneren des Hauses oder vor der Eingangstür befindet. Wassersymbole in der Nähe Ihrer Eingangstür schaffen immer Reichtum, wenn der Standort sich im Osten, im Südosten oder im nördlichen Teil Ihres gesamten Grundstücks befinden sollte. Doch wenn das Einrichten eines Wassersymbols in einer dieser drei günstigen Himmelsrichtungen bedeutet, daß es sich dann rechts von Ihrer Eingangstür befindet, dann sollten Sie lieber darauf verzichten, da Reichtum nicht viel wert ist, wenn Sie gleichzeitig Ihren Ehemann verlieren! Damit würden Sie nicht Fülle, sondern vor allem Unglück schaffen.

Familien, die einen Swimmingpool haben, sollten besonders auf dessen Standort achten. Wenn er sich auf der rechten Seite der Eingangstür befindet (von innen nach außen blickend), dann werden mit großer Wahrscheinlichkeit Probleme durch Untreue auftreten. Diejenigen von Ihnen, die dieses Buch lesen und solche Wassersymbole rechts von der Eingangstür haben, sollten diese entweder aufgeben oder aber die Eingangstür verlegen.

Überlegen Sie sich auch gut, welche Feng-Shui-Merkmale Sie in Ihrem Schlafzimmer unterbringen. Ich habe Sie bereits davor gewarnt, eine Abbildung von Pfingstrosen oder überhaupt jeglicher Blumen im Schlafzimmer aufzuhängen, wenn Sie schon glücklich verheiratet sind. Blumen im Schlafzimmer bedeuten viele Frauen in Ihrem Leben – wie in der alten Zeit, als ein Mann viele Frauen und Konkubinen hatte. Wenn Ihr Mann solche Bilder aufhängen möchte, dann soll er das im Büro oder in einem anderen Teil des Hauses tun, aber nicht im Schlafzimmer.

Noch etwas über Spiegel

Noch wichtiger ist es, auf Spiegel im Schlafzimmer zu achten, die direkt das Bild des Ehebetts zurückwerfen und die Sie vom Bett aus sehen können. Spiegel und andere Oberflächen, die das Bett reflektieren, stören die Ehe, indem sie eine dritte Partei ins Spiel bringen. Die Gefahr ist groß, daß es zur Untreue kommt, und dies kann seitens beider Partner der Fall sein (siehe auch Seite 125–126). Wenn der Spiegel in Ihrem Schlafzimmer das Bett nicht widerspiegelt, dann verursacht er auch keine Probleme. Folglich sind Spiegel, die an der Wand hängen, gegen die auch der Kopfteil des Bettes gestellt ist, kein Anlaß zur Sorge.

Spiegel und andere spiegelnde Oberflächen, wie etwa der Bildschirm des Fernsehers, können die Ursache sein, wenn Paare lange Zeit voneinander getrennt sind. Das bedeutet nicht zwangsläufig, daß es zur Scheidung oder zur endgültigen Trennung kommt. Es kann sich auch um beruflich verursachte Trennungen handeln. Wenn Sie also nicht wollen, daß Ihr Mann zu oft und zu lange auf Dienstreise ist und daß er sich nach anderen Frauen umschaut, dann sollten Sie all diejenigen Spiegel entfernen, die sich dem Bett direkt gegenüber befinden.

Spiegel im Inneren von Schränken, die dem Blick verborgen bleiben, solange die Schranktüren geschlossen sind, haben diese negative Auswirkung nicht. Wie auf Seite 125–126 bereits besprochen wurde, geht auch von Spiegeln, die von Vorhängen verdeckt werden, keine Gefahr aus. Spiegel an der Schlafzimmerdecke direkt über dem Bett hingegen verursachen in jeder Ehe oder ernsten Beziehung großen Unfrieden.

Der Reichtum familiären Glücks

»Das Glück kann nicht vielversprechend sein, wenn man keine Familie hat.«

Nach chinesischer Vorstellung hat das Leben eines Mannes wenig Bedeutung, wenn er nicht Teil einer Familie ist. Gesellschaft und Staat drehen sich um die Einheit Familie. Sie stand und steht in vielerlei Hinsicht auch heute noch im Zentrum jeglichen Erfolgs und aller Zielsetzungen. Wohlstand und Reichtum haben eine enge Verbindung zur Ehre des Familiennamens.

In zahlreichen Feng-Shui-Definitionen von Wohlstand spielen daher das Wohlergehen der Familie, der Familienname und Nachkommen eine entscheidende Rolle. Das Glück kann einem nicht wohlgesonnen sein, wenn man keine Familie hat, wenn der Familienname auf irgendeine Weise beschmutzt ist oder wenn man keinen männlichen Nachkommen hat, der den Namen weiterführt. Tatsächlich kann es nach traditioneller chinesischer Auffassung kein größeres Unglück geben als das Aussterben eines Familiennamens. Aus diesem Grund ist es in China auch heute noch üblich, daß Familien, die keinen männlichen Nachkommen haben, möglichst einen männlichen Erben adoptieren.

Feng Shui spricht die Familie als Einheit direkt an. So verteilen sich die acht Seiten des Bagua auf eine Familie mit sechs Kindern: drei Söhne und drei Töchter. Der Platz des Vaters ist der Nordwesten, während jener der Mutter sich immer im Südwesten befindet, eine Ecke, die grundsätzlich von den Bemühungen der Frau des Haushalts profitiert.

Der älteste Sohn der Familie wird mit dem Osten in Verbindung gebracht, denn diese Himmelsrichtung symbolisiert Wachstum und Entwicklung. In der verbotenen Stadt von Beijing befanden sich die Quartiere der jungen Prinzen im Ostflügel des Kaiserpalasts. Der Osten wird mit dem Holzelement assoziiert, daher profitiert die Ecke immer von der Gegenwart gesund wachsender Pflanzen.

Die Position der ältesten Tochter ist der Südosten, der ebenfalls für Wachstum und Reichtum steht. Auch hier ist Holz das bestimmende Element, wenn es sich auch in diesem Fall um kleines Holz handelt. Das Trigramm dieser Ecke ist Sun, der Wind.

Das Glück des Patriarchen aktivieren

Mit dem Patriarchen der Familie, dem Vater, wird der Nordwesten assoziiert, die Ecke mit den ausgeprägtesten Yang-Eigenschaften. Das zugehörige Trigramm ist Qian, das aus drei ungebrochenen Linien besteht. Die nordwestliche Ecke des Hauses ist für die Familie am wichtigsten, da der Patriarch in vielerlei Hinsicht auf das Glück der ganzen Familie einwirkt. Ihm obliegt in der Regel die Rolle des Ernährers, und der Wohlstand der Familie hängt von seinem Reichtum ab.

Wenn die nordwestliche Ecke des Hauses fehlt, dann ist das Glück des Patriarchen (und in der Erweiterung auch das der Familie) ernstlich gefährdet. Er wird wenig Glück im Beruf und in finanziellen Dingen haben. Dies kommt in einem extremen Mangel an guten Gelegenheiten zum Ausdruck. Manchmal, wenn die Nordwestecke vollständig fehlt, muß die Familie auf die Gegenwart des Patriarchen verzichten. Entweder ist er aus beruflichen Gründen sehr oft abwesend, oder aber er hat seine Zelte an anderem Ort bei einer zweiten

»Familie« aufgeschlagen. Eine nicht vorhandene nordwestliche Ecke ist also eine unheilvolle Feng-Shui-Konstellation. Die Korrektur einer solchen Situation hat unbedingte Priorität. Hierfür gibt es mehrere zuverlässige Methoden.

Die Verwendung eines Spiegels

Verwenden Sie einen Wandspiegel, um die fehlende nordwestliche Ecke optisch zu ergänzen. Dies sollte jedoch nur geschehen, wenn die entsprechende Wand sich im Wohn- oder Speisezimmer befindet. Und die Wirkung des Spiegels wird doppelt so groß sein, wenn er Aktivität widerspiegelt, die der, wie ich sie nenne, »vorgetäuschten Nordwestecke« wertvolle Yang-Energie zuführt. Achten Sie darauf, daß der Spiegel möglichst die ganze Wand bedeckt. Lassen Sie es nicht zu, daß ein zu kleiner oder zu tief aufgehängter Spiegel den Bewohnern Köpfe oder Beine abschneidet. Verzichten Sie außerdem auf die Verwendung von Spiegelfliesen, die das zurückgeworfene Bild zerschneiden. Spiegelfliesen bringen in der Regel überall im Haus (sogar im Badezimmer) Unglück, und es ist besser, sie erst gar nicht anzubringen.
Außerdem müssen Sie darauf achten, daß der Spiegel, den Sie an der betreffenden Wand befestigen, nicht die Eingangstür reflektiert, da er sonst all das Glück, das zur Tür hereinkommt, gleich wieder hinauswirft. Auch das Treppenhaus darf in ihm nicht zu sehen sein. Handelt es sich um eine Treppe, die nach oben führt, dann löst sich das Glück im Nichts auf, führt sie aber nach unten, dann steigt das Glück ab und verschwindet. Ebenso ungünstig ist es, wenn der Spiegel eine Toilette reflektiert, da dies im Nordwesten symbolisch eine Toilette installiert, eine Situation, die dem Patriarchen Unglück bringt.

Prinzipiell ist es nicht immer möglich, fehlende Ecken mit Spiegeln zu ersetzen. Fehlt beispielsweise die Ecke im Schlafzimmer, dann ist der Einsatz von Spiegeln nicht empfehlenswert, da sonst ein Spiegelbild des Bettes entstehen würde (siehe Seite 177). Überlegen Sie also gut, wann und wo Sie Spiegel als Mittel der Korrektur einsetzen.

Helle Lichter installieren

Eine zweite Herangehensweise bei einer fehlenden nordwestlichen Ecke bietet die Installation sehr heller Lichter direkt an dieser Stelle. Am einfachsten ist das, wenn Sie einen Garten haben. Versuchen Sie den Grundriß Ihres Hauses zu regulieren, indem Sie dort eine helle Lampe aufstellen oder -hängen. Das Licht sollte sich möglichst weit oben befinden, am besten so hoch wie das Haus. Daraus ergibt sich eine weitere günstige Nebenwirkung, da das hohe Licht die Ecke außerdem mit guter Yang-Energie versorgt.
Falls Sie keinen Garten besitzen oder es nicht möglich ist, ein helles Licht zu installieren, können Sie eine entsprechende Bildtapete verwenden, um die fehlende Ecke rein optisch zu ergänzen. Diese Art der Problemlösung ist äußerst wirkungsvoll, und ich habe schon einige phantasievolle und sehr hilfreiche derartige »Ergänzungen« gesehen. Gelingt es Ihnen nicht, eine passende Tapete zu finden, dann erreichen Sie die gleiche erweiternde Wirkung auch, indem Sie ein großes Bild aufhängen, das die Illusion von einem Hof oder einem Garten schafft. Eine Tapete mit einer perspektivisch richtig dargestellten dreidimensionalen Szene wird den Raum um optische Tiefe und damit scheinbar um die fehlende Ecke ergänzen. Leider kann dies recht teuer werden, da eine solche Tapete in

der Regel durch einen geschickten Handwerker oder Künstler eigens angefertigt werden muß.

Ein Windspiel aufhängen

Um den Nordwesten zu verstärken, hängen Sie ein Windspiel mit sechs Klangkörpern aus Metall in der entsprechenden nordwestlichen Ecke auf. Sie können, um das Glück zu fördern, entweder das ganze Haus in seiner Gesamtheit berücksichtigen oder aber nur die nordwestliche Ecke des Wohnzimmers zugrunde legen. Das Windspiel ist eines der besten Symbole für diese Ecke des Hauses, da es mit dem Element dieser Himmelsrichtung perfekt harmoniert.
Die Plazierung einer Metallglocke im Nordwesten sorgt ebenfalls für eine hervorragende energetische Aufladung. Glocken symbolisieren einen guten Ruf. Eine von ihnen im Haus zu haben, verspricht familiären Reichtum.

Der Wert von Glückssymbolen

Mit einer Schale voller polierter Steine in der nordwestlichen Ecke läßt sich vermutlich für das Familienoberhaupt am besten gutes Feng Shui herstellen. Wenn Sie möchten, können Sie einige der Steine mit Goldfarbe besprühen, um die Anwesenheit von Gold zu simulieren. Das ist eine sehr gute Technik, da großes Metall das Element des Nordwestens und im Feng Shui Metall mit Gold praktisch identisch ist. Die Schale voller Steine symbolisiert das Erdelement, in dem Gold gefunden wird. Im Zyklus der fünf Elemente produziert Erde Gold. Die

entstehenden Energien befinden sich somit im harmonischen Gleichgewicht.
Um die Symbole des Feng Shui zusätzlich zu stärken, ist es gut, die Steine, wenn Sie sie an ihrem zukünftigen Standort plazieren, als »Gold an der Stätte des Himmels« zu visualisieren. Dieser Zusammenhang leitet sich aus dem Trigramm Qian ab, das nicht nur den Nordwesten, sondern auch den Himmel symbolisiert. Seien Sie in Ihrer Erwartung zukünftigen Erfolgs möglichst entspannt. Es gibt keinen Grund, eine zu ernste Haltung im Hinblick auf die Plazierung von Glückssymbolen einzunehmen. Doch sollten Sie auch nicht unnötig leichtfertig damit umgehen.
Feng Shui ist keine spirituelle Praxis, die Glauben voraussetzt, damit sie sich in ihrer ganzen Wirksamkeit entfalten kann. Sie müssen nicht an Feng Shui glauben, damit es Ihnen Glück bringt oder Ihr Unglück korrigiert. Dennoch muß man auch nicht unbedingt übermäßig viel negative Energie erzeugen oder auf übertriebene Weise positiven Ergebnissen entgegenfiebern.
Ich gehe mit den Feng-Shui-Symbolen, die ich in meinem Haus einsetze, immer ganz entspannt um. Für gewöhnlich konzentriere ich mich sehr, wenn ich Symbole plaziere, aber sobald das erledigt ist, lasse ich los und denke nicht mehr an sie. ich vertraue immer darauf, daß Feng-Shui-Verstärker meiner Familie und mir einen Zuwachs an Reichtum jeglicher Art bescheren.
Der Abwechslung halber verwende ich ein und dasselbe Symbol in vielen verschiedenen Ausführungen, schließlich möchte ich ja auch, daß mein Haus hübsch aussieht. Außerdem glaube ich daran, daß ich gute Yang-Energie erzeuge, indem ich alle

paar Monate meine Möbel umstelle. Dies gestattet mir nicht nur, all die versteckten Ecken sauberzumachen und den Staub, der sich in Winkeln und Ritzen sammelt, fortzuwischen, ich erhalte auch die Gelegenheit, genau diese Ecken meines Hauses mit einer bestimmten Art Räucherwerk und mit besonderen Feng-Shui-Techniken zu reinigen.

Den Ernährer vor schlechtem Feng Shui schützen

Die nordwestliche Ecke kann geschädigt sein, weil sich dort entweder eine Toilette, die Küche oder eine Speisekammer befindet. Sie sollten versuchen, derart ungünstige, den Ernährer der Familie schädigende Situationen in Ihrem Haus zu überwinden, indem Sie die Unglücksursachen entweder reduzieren oder vollständig entfernen. Toiletten im Nordwesten des Hauses spülen all das Glück des Patriarchen aus dem Haus, außerdem gehen von der Toilette negative Energien aus, die eingedämmt werden müssen (siehe Seite 143).

Sollte sich die Küche oder, noch schlimmer, der Herd in der nordwestlichen Ecke befinden, dann können die Auswirkungen fürchterlich sein. Das offene Feuer eines Gasherds an dieser Stelle erzeugt eine Situation, als ob Feuer an die Himmelstore gelegt würde. Das bringt nicht nur Unglück, es ist eine so potentiell tragische und katastrophale Konfiguration, daß Sie den Herd umgehend an einem anderen Ort aufstellen sollten.

Verwenden Sie zum Kochen einen Elektroherd oder hauptsächlich den Backofen, dann ist die Situation kein Problem. In einem solchen Fall kann man das durch die Küche verursachte Unglück mit der Hilfe eines Windspiels mit fünf Klangstäben unter Kontrolle halten. Die gleiche Methode steht Ihnen zur Verfügung, wenn sich in dieser Ecke statt der Küche eine Speisekammer befindet.

Es ist nicht ratsam, den Nordwesten durch Glückssymbole zu stärken, wenn sich dort Toilette, Küche oder Vorratskammer befinden. Ihr zum Einsatz gebrachter Feng-Shui-Verstärker lädt sich dort einfach nur negativ auf und sorgt weder für Fülle noch für Glück.

Der Platz der Matriarchin

Zwar ist es wichtig, das Feng Shui des Nordwestens zu schützen, doch ist jenes des Südwestens ebenso wichtig, da dieser Himmelsrichtung das Trigramm Kun der Matriarchin zugeordnet ist. Das Trigramm Kun wird durch drei gebrochene Linien dargestellt. Der Südwesten ist der Ort der Mutter und als solcher mit dem Element Erde verbunden, es ist das Behältnis allen guten Familienglücks. Wenn in dieser Ecke ein großer Ton- oder Terrakottatopf steht, kann sich das Qi dort in großen Mengen sammeln und einrichten. Damit einher geht eine Fülle außerordentlichen Reichtums, der der ganzen Familie nützt, da im Feng Shui davon ausgegangen wird, daß das familiäre Glück immer auf die Matriarchin zurückzuführen ist.

Wohlhabende Chinesen stellen für gewöhnlich einen großen dekorativen Keramikbehälter oder eine riesige Vase im Südwesten auf. Auf ihnen sind meist Glückssymbole – Früchte oder Blumen – abgebildet, um großes Glück für die Familie zu erlangen. Man läßt die Behälter leer, um all die guten

Energien aufzunehmen, die in sie hineinfließen. Schnittblumen sollte man auf keinen Fall in diese symbolischen Behältnisse guten Glücks stellen. Dies würde Wasser bedeuten, das durch die Blumen stark mit Yin-Energie aufgeladen wäre. Die Leere der Behälter jedoch zieht Energien an.

Manche Feng-Shui-Meister verwenden urnenähnliche Gefäße, um stagnierendes oder tödliches Qi einzufangen. Diese Methode kann sehr wirkungsvoll sein, wenn Ihre südwestliche Ecke geschädigt ist. Denkbar ist dies, wenn sich im Südwesten eine Toilette befindet, die sich ungünstig auf die Ehe auswirkt und die Mutter sehr unglücklich macht.

Für gewöhnlich haben die Behälter, die gutes Sheng Qi anziehen sollen, einen gerundeten Boden und einen schmalen Hals, was sie mehr wie Vasen aussehen läßt. Die Behälter, in denen schlechtes Qi gefangen werden soll, sind dagegen oben und unten eher breit und so mit Urnen vergleichbar.

Ich persönlich halte nicht viel davon, Urnen aufzustellen, um den tödlichen Atem im Südwesten zu fangen. Da diese Himmelsrichtung mit dem Erdelement verbunden ist, finde ich es besser, dort einen Keramikbehälter zu installieren, um Sheng Qi – den guten Atem des Drachen – anzuziehen.

Befindet sich in dieser Ecke eine Toilette, dann ziehe ich es vor, chinesische Symbole für das Sammeln von schlechtem Qi zu verwenden – das beste Symbol ist hier die Kupferpagode. Sie eignet sich hervorragend, um Shar Qi, den tödlichen Hauch, zu fangen und unter Kontrolle zu halten.

Hängen Sie ein Windspiel aus Metall mit einer eingebauten Pagode in die Toilette oder das Badezimmer, um die schlechte Wirkung der Toilette zu neutralisieren. Diese Art Windspiele sind aus Kupfer und können für wenig Geld in Asienläden gekauft werden. Wählen Sie kein Windspiel, das noch zusätzlich mit Fischen oder anderen Symbolen verziert ist, da sie weder angemessen sind noch die Funktion erfüllen, Unglück niederzuhalten.

Falls sich Ihre Toilette im Südwesten des Hauses befindet, werden alle Frauen des Haushalts Probleme mit ihrem Liebesleben haben. Entweder werden sie von ihren Männern betrogen, oder sie finden überhaupt keinen Partner. Vor allem die jungen Frauen im heiratsfähigen Alter haben nur geringe Aussichten, einen Ehemann zu finden. Und auch den Söhnen wird sich kaum eine Gelegenheit bieten, eine Ehe zu schließen, oder ihren Frauen fällt es schwer, sich in die Familie einzufügen.

Manchmal erzeugt eine geschädigte südwestliche Ecke (durch das Vorhandensein einer Toilette oder den Einfluß eines Giftpfeils) Uneinigkeit unter den Frauen der Familie. So kommen Töchter und Mütter nicht miteinander aus, und Schwestern, die im gleichen Haus leben, leiden unter ständigen Mißverständnissen. Mit einem Wort: Das Zuhause ist erfüllt von Gezänk und Disharmonie.

Ist der Südwesten durch andere Manifestationen von schlechtem Feng Shui betroffen, dann wirkt sich dies insofern leidvoll auf die Ehe aus, als Uneinigkeit zwischen den Partnern entsteht. Zum Beispiel könnte sich die südwestliche Ecke am Ende eines langen Gangs befinden, sie könnte aus einem spitzen Winkel bestehen oder einen freiliegenden Deckenbalken aufweisen.

Schutz gegen solche Giftpfeile im Inneren bieten mit einem roten Faden zusammengebundene Kieselsteine, die die betroffene südwestliche Ecke stärken. Diese Maßnahme verstärkt das Erdelement in der Ecke und schafft die energetische Basis für gutes Eheglück, indem sie unverheirateten Söhnen und Töchtern Gelegenheiten für die Eheschließung bietet. Für jene, die bereits verheiratet sind, fördert sie außerdem äußere Umstände, die zur Verbesserung der Ehe beitragen.

Ja, wenn der Südwesten über ein gutes Feng Shui verfügt, dann erfreut sich die ganze Familie an Harmonie und Glück. Sollte es aus irgendeinem Grund nicht möglich sein, Kieselsteine so wie beschrieben zu plazieren, dann können Sie auch irgendein anderes Symbol für das Erdelement verwenden. So kann etwa ein Gemälde von einem Berg oder ein natürlicher Quarzkristall ein wunderbarer Ersatz sein. Oder aber Sie stellen im Südwesten einen Globus auf, da dieser die Erde selbst darstellt.

Den Südwesten sollte man am besten mit Lichtern verstärken. Mein persönlicher Favorit ist der Kristalleuchter, da er eine Verdoppelung der Fülle der Erde symbolisiert. Ich gebe mir Mühe, niemals die wichtigste Grundlage des Feng Shui außer acht zu lassen: Es beeinflußt das Erdenglück im Gegensatz zum Himmelsglück und dem Menschheitsglück, welches wir für uns selbst schaffen. Die Chinesen sind davon überzeugt, daß diese drei Arten des Glücks die Richtung und die Qualität unseres Lebens gleichermaßen bestimmen.

Wenn wir also die für das Feng Shui erforderlichen energetischen Grundlagen schaffen, dann energetisieren wir Erdenglück, was dem Erdelement besondere Bedeutung verleiht. Lichter (Feuerelement) produzieren Kristalle (Erde). Tatsächlich glaubt man von Kristallen, die (ob natürlich oder künstlich hergestellt) den Reichtum der Erde darstellen, daß sie nahezu an jedem Ort, an dem sie plaziert werden, Glück bringen. Doch besondere Wirksamkeit entfalten sie in der südwestlichen Ecke des Zuhauses, da diese Himmelsrichtung mit großer Erde assoziiert wird. Die anderen beiden mit Erde verbundenen Richtungen sind der Nordosten (kleine Erde) und der Mittelpunkt des Hauses oder der Wohnung.

Falls es Ihnen gefällt, können Sie natürlich einen Quarzkristall auf einen Tisch im Südwesten legen. Wenn Sie ihn außerdem noch mit einem roten Faden umwickeln, dann wird dieser all die potentiellen Energien des Kristalls zum Vorschein bringen. Dies geschieht, weil der rote Faden Yang-Energie erzeugt und den Kristall damit aktiviert.

Familienglück aktivieren

Erfreut sich der Südwesten eines guten Feng Shui, dann herrscht in der Familie für gewöhnlich Harmonie. Mann und Frau tragen wenig Konflikte miteinander aus. Zwischen Geschwistern gibt es kaum Auseinandersetzungen und Rivalitäten. Familienglück und Zugehörigkeitsgefühl sind stark ausgeprägt. Diese Art Fülle ist oft weit wohltuender und befriedigender als die Fülle materiellen Reichtums.

Familienglück heißt, daß die Familie zusammenhält und zusammenbleibt. Die einzelnen Familienmitglieder stehen loyal zueinander und fühlen sich einander verpflichtet. Will man diese Art Glück fördern, dann ist es wichtig, sich insbesondere um das Feng Shui der Hausmitte zu kümmern.

Dieser Bereich wird mit dem Beziehungsglück der Familienmitglieder untereinander in Verbindung gebracht, und am günstigsten wirkt es sich aus, wenn sich die Hausmitte im Wohn- oder Eßzimmer befindet. Versammelt sich die Familie am Ende eines jeden Tages im Wohnzimmer, das zugleich der Mittelpunkt des Hauses ist, dann bedeutet dies, daß das Herz des Zuhauses mit glücklicher Yang-Energie angereichert wird. Dort ist Leben, Liebe und Freude, und dieses gute Feng Shui wirkt sich positiv auf alles andere aus.

Energetisieren Sie das Zentrum der Wohnung, indem Sie die dort vorhandene Erdenergie verstärken. Verwenden Sie hierzu einen Kristalleuchter, der wunderbar großes Glück erzeugt.

Eine Treppe – vor allem eine Wendeltreppe, die sich wie ein tödlicher Korkenzieher in den Mittelpunkt des Hauses bohrt – sollte sich im Zentrum des Hauses nicht befinden. Die Folgen derartiger architektonischer Lösungen sind für gewöhnlich äußerst tragisch. Sollte sich in Ihrem Haus an dieser Stelle eine Wendeltreppe befinden, dann versuchen Sie die Anlage komplett zu ändern. Die Seiten des Hauses sind für die Treppe besser geeignet. Ist eine solche Maßnahme nicht durchführbar, dann sorgen Sie wenigstens dafür, daß die Treppe um Stirnbretter ergänzt wird. Sonst fliegt der Reichtum der Familie einfach zum Fenster hinaus!

Schwungvolle, im Halbkreis verlaufende Treppen, die den Mittelpunkt des Hauses darstellen, haben ebenfalls eine ungünstige Wirkung. Ich habe mehrere sehr reiche Bekannte, die sich, mitgerissen von ihrem neuen Reichtum, palastähnliche Häuser errichten ließen, in denen sich solche schwungvollen, halbkreisförmigen Treppenaufgänge nicht nur in der Mitte des Hauses befinden, sondern auch noch direkt gegenüber der Eingangstür. Solche klassischen Treppenaufgänge geben eine großartige Eingangshalle ab, doch muß leider gesagt werden, daß mittlerweile jeder einzelne dieser Bekannten schwer unter der asiatischen Wirtschaftskrise zu leiden hat. Ein kreisförmiger Treppenaufgang im Zentrum des Hauses ist wirklich gefährlich. Geschwungene Treppen verfügen eigentlich über ein gutes Feng Shui, aber sie sollten sich an der Seite des Hauses und nicht in seiner Mitte befinden.

Da wir schon gerade über Treppen sprechen, denken Sie bitte daran, unter gar keinen Umständen einen roten Teppich auf die Stufen einer Wendeltreppe zu legen, vor allem nicht in der Mitte des Hauses. In dieser Situation symbolisiert die Farbe Rot Blut, und dies kann in der Familie große Tragödien und Unglück verursachen.

Toiletten, Küche und Vorratsräume sollten niemals in der Mitte des Hauses plaziert sein. Toiletten erzeugen an diesem Standort Shar Qi in großen Mengen. Eine solche Anordnung bringt großes Unglück für die Familie mit sich. Sie läßt nicht nur Reichtum und Vermögen der Familie dahinschwinden, sie verursacht auch Mißverständnisse und ein Gefühl der Entbehrung, da die Energien des Hauses und mit ihnen das Familienglück einfach abgeführt werden. Man sollte eine solche Anordnung so bald wie möglich korrigieren, indem man die Toilette verlegt oder sie nicht mehr benutzt. Wenn beides nicht möglich ist, dann erfahren Sie auf Seite 143, was Sie dem Übermaß an Yin-Energie entgegensetzen können.

Die Mitte des Hauses ist jedoch ein guter Ort, um dort ein Familienbild aufzuhängen. Jedes Familienmitglied sollte darauf abgebildet sein; jeder einzelne sollte glücklich, gut gekleidet und erfolgreich aussehen. Das Familienoberhaupt muß bei einem solchen Anlaß immer sitzen und die Hausherrin den Familienschmuck tragen. Ziel ist es, eine Aura der Fülle zu erzeugen und den bleibenden Eindruck von einer glücklichen und erfolgreichen Familie, die ganz und vollständig ist, zu erwecken. Ein derartiges Zeichen in der Mitte des Hauses setzt wunderbare Energie frei, die die Familie sicher zusammenhält.

Diese Maßnahme stellt sicher, daß die Familie sich auch dann noch einander zugehörig fühlt, wenn die Kinder groß und aus dem Haus sind. Sie schafft Gelegenheit für zahlreiche Familientreffen und Zusammenkünfte. Gleichgültig, wie weit die Kinder der Familie fortziehen, um zu studieren oder zu arbeiten, wenn Sie in der Mitte des Hauses ein Familienbild aufhängen, auf dem alle vollständig und fröhlich abgebildet sind, dann werden sie immer wieder nach Hause zurückkehren. Die Geschwister werden außerdem auch untereinander

Kontakt halten und sich gut miteinander verstehen. Auf solchen Familienbildern sollte nur die unmittelbare Familie des Patriarchen abgebildet sein.
Wie die Familienmitglieder sich für das Familienbild aufstellen, ist für das Feng Shui ebenfalls von Bedeutung. Mir selbst gefällt ein dreieckiger Bildaufbau, auf dem sich das Familienoberhaupt an der Spitze des Dreiecks befindet, am besten. Diese Form symbolisiert das Element Feuer und manifestiert Yang-Energie. Feuer ist darüber hinaus auch das Element des Südens, der für Ehre und einen guten Namen steht. Die dreieckige Personenanordnung auf einem Familienbild manifestiert also diese Art von Glück. Es ist jedoch ebenso denkbar, mit der Sitzordnung auf das Wasserelement hinzuweisen, um das Glück des Reichtums zu bewirken, oder aber auf das Holzelement, um Wachstumsglück zu fördern. Das Element Wasser kommt in einer wellenlinienförmigen und Holz in einer rechteckigen Anordnung zum Ausdruck.
Familienaktivitäten wie gemeinsames Fernsehen oder Spielen erzeugen ein ausgezeichnetes Feng Shui, wenn sie in der Mitte des Hauses stattfinden. Da alle Familienaktivitäten die Yang-Intensität vergrößern, entsteht ein hervorragendes Familien-Feng-Shui, wenn das Herz des Hauses mit Yang-Energie durchspült wird.

Kinderglück aktivieren

Feng Shui bietet kinderlosen Paaren einen guten Grund zu hoffen. Wenn Sie sich Kinder wünschen, bisher aber nicht empfangen und auch kein zu adoptierendes Kind gefunden haben, dann ist da vielleicht etwas in Ihrem Zuhause, das Ihr Nachkommenglück blockiert. So war es bei meinem Mann und mir. Viele Jahre lang versuchten wir vergeblich, eine Familie zu gründen, bis wir an den Punkt kamen, an dem wir die Hoffnung vollständig aufgegeben hatten. Wir waren bei so vielen Ärzten gewesen, hatten alle Ratschläge befolgt und dennoch keinen Erfolg gehabt. Doch eines Tages besuchte mein Kung-Fu-Lehrer, Herr Yap Cheng Hai, der außerdem ein Feng-Shui-Experte ist, uns in unserem Haus und diagnostizierte das Problem unserer Kinderlosigkeit.

Herr Yap erklärte uns, daß mehrere Merkmale in unserem schönen Haus zusammenkamen und unser Unglück verursachten. Erstens war unsere Eingangstür aus Glas (ein großes Feng-Shui-Tabu). Zweitens befand sich direkt vor unserem Haus eine riesige Kasnarine (ein Baum mit harten, spitzen Blättern), der uns das allergrößte Unglück bescherte. Drittens lag die Treppe in unserem Haus direkt gegenüber dem Eingang. Es gab wenig, was wir gegen diese drei entscheidend negativen Feng-Shui-Konstellationen in unserem Haus tun konnten.

Zuletzt zogen wir schließlich aus und bauten uns ein eigenes Haus. Wir brauchten hierfür drei Jahre, und während dieser Zeit trennten mein Mann und ich uns vorübergehend. Das alte Haus hatte sich auch auf unsere Ehe katastrophal ausgewirkt. Als wir wieder zueinanderfanden, war auch das Haus fertig. Herr Yap hatte uns geholfen, das Haus auf eine Weise zu gestalten, die unserem Nachkommenglück förderlich sein sollte.

Beim Entwurf des Grundrisses für das neue Haus hatten wir uns entschieden, unser Schlafzimmer in der Ecke zu plazieren, die mit der Nien-Yen-Richtung meines Mannes übereinstimmte (siehe Seite 174). Um sein Nachkommenglück noch weiter zu verstärken, hatten wir dann auch das Bett so aufgestellt, daß es mit dem Kopfende in die Nien-Yen-Richtung meines Mannes wies. Herr Yap vertritt die

Auffassung, daß man im Hinblick auf den erwünschten Kindersegen das Nachkommenglück des Mannes und nicht der Frau stärken muß. Diese Methode kann natürlich nur funktionieren, wenn mit beiden Partnern in medizinischer Hinsicht alles in Ordnung ist.

Herr Yap empfahl uns außerdem, in unserem Schlafzimmer links und rechts von der Tür je einen Elefanten aus Keramik aufzustellen, falls wir uns einen Sohn wünschten. Er erklärte, daß der Elefant in China von alters her als Fruchtbarkeitssymbol im Hinblick auf männliche Kinder galt. Da ich mir aber heimlich eine Tochter wünschte und meinem Mann beides recht war, entschlossen wir uns, die Sache der Natur zu überlassen. Außerdem war ich damals nur halbwegs davon überzeugt, daß Feng Shui funktionieren würde. Aber zu unserer großen Freude empfing ich Jennifer vier Monate, nachdem wir in unser neues Haus gezogen waren.

Sie wurde im zehnten Jahr unserer Ehe geboren, die zu jenem Zeitpunkt auf sehr wackeligen Beinen stand. Doch mit ihrer Ankunft wendete sich unsere Beziehung zum Besseren. Inzwischen sind einundzwanzig Jahre vergangen, und wir leben noch immer in diesem Haus. Es ist nun erheblich größer, da unser Wohlstand nach und nach gewachsen ist, und auch unser Feng Shui hat sich mit meinem zunehmenden Wissen immer mehr verbessert. Unsere Tochter ist inzwischen erwachsen, und unsere Familie hält weiterhin zusammen.

Feng Shui hat nicht nur mir geholfen, eine Familie zu gründen. Die Stärkung des Nachkommenglücks hat auch viele andere Menschen im Laufe der Jahre glücklich gemacht. So kann die Energetisierung des Nachkommenglücks auch einem Paar, das aus medizinischen Gründen keine Kinder bekommen kann, helfen, ein Kind zu adoptieren.

In vielen chinesischen Feng-Shui-Büchern kann man nachlesen, daß das Schlafzimmer des Kaisers in der Verbotenen Stadt mit Bildern von hundert Kindern geschmückt war. Diese sollten eine fruchtbare Vereinigung und die Geburt zahlreicher Prinzen symbolisieren, damit die kaiserliche Linie immer männliche Nachkommen für den Thron hatte. Abbildungen mit Babys im ehelichen Schlafzimmer sollen also symbolisch das Kinderglück aktivieren.

Feng Shui für Ihre Kinder

Es gibt unterschiedliche Verfahrensweisen, um Glück für Ihre Kinder zu aktivieren. Von der Geburt bis in ihre Teenagerzeit profitieren Kinder davon, wenn sie in Räumen auf der Ostseite des Hauses untergebracht sind. Der Osten ist die Himmelsrichtung des Wachstums, und der beständige Einfluß einer solchen Umgebung tut Kindern gut. Sie werden gesund sein und kräftig und robust werden. Wenn Sie möchten, daß sie Sinn für die Familie entwickeln und sich mit den Zielsetzungen der Familie identifizieren, dann sollten sie ihre Betten so stellen, daß das Kopfende jeweils in die Nien-Yen-Richtung des betreffenden Kindes weist (siehe Seite 171).

Zusätzlich haben Sie die Möglichkeit, das Lernglück Ihrer Kinder zu verstärken, indem Sie in der nordöstlichen Ecke des Schlafzimmers einen kleinen Kristallglobus aufstellen. Weitere Maßnahmen sind nicht erforderlich. Sie sollten allerdings dafür sorgen, daß sich keine Spiegel im Schlafzimmer befinden und daß alle übrigen bereits erwähnten grundlegenden Feng-Shui-Richtlinien Beachtung finden.

Sobald Ihre Kinder das Schulalter erreichen und Schreibtische bekommen, richten Sie diese so aus, daß Sie in die Richtung zeigen, die für das Wachstum des betreffenden Kindes am günstigsten ist (siehe Seite 84–86). Diese Richtung ist besonders wirkungsvoll, wenn es darum geht, Lernglück zu steigern. Zusätzlich können Sie auch ein Windspiel auf der Westseite des Schlafzimmers aufhängen, doch darf es nicht direkt über einem Bett hängen. Eine Plazierung in der Nähe des Fensters wäre ausgezeichnet. Am besten eignet sich ein Windspiel mit sieben Klangkörpern, eines mit sechs oder acht funktioniert jedoch ebensogut. Das Aufhängen solcher Windspiele sorgt für ausgezeichnetes Glück, wenn es um die Unterstützung bei der Finanzierung einer Universitätsausbildung geht. Wer ein Stipendium braucht, sollte sich möglichst für ein Windspiel mit sieben Klangkörpern entscheiden.

Harmonie schaffen

Die Anwendung von Feng Shui, um in seinem Zuhause einen Zustand der Harmonie herzustellen, setzt eine gründliche Kenntnis der Glückssymbole voraus. Außerdem brauchen Sie einen tiefgreifenden Einblick in die Lehre von den fünf Elementen und in die Wirkung, die eines auf das andere hat. Indem man den gesamten zur Verfügung stehenden Raum in acht Ecken und eine Mitte aufteilt, kann man dort, wo es erforderlich ist, Feng-Shui-Verstärker einsetzen, um die gewünschte Harmonie des gesamten Hauses herzustellen. Jede der Ecken korrespondiert mit einer der Haupt- oder der Nebenhimmelsrichtungen, und jede Richtung wiederum wird mit einem bestimmten Element in Verbindung gebracht. Um Harmonie und Glück jeder der acht Ecken zu stärken, muß das dieser Ecke zugehörige Element gefördert und sein Energieniveau angehoben werden. Dies geschieht am wirkungsvollsten durch Gegenstände, die Glück symbolisieren.

Ecken im Wohnbereich energetisch aufladen

Himmels-richtung	*Element*	*Jahres-zeit*	*Form*	*Glück-bringend*	*Objekte*	*Farbe*
Norden	Wasser	Winter	Wellen-förmig	Spring-brunnen	Vogel-tränke, Schalen	Blau, Schwarz
Süden	Feuer	Sommer	Dreieckig	Lichter	Kerzen, Klänge	Rot, Orange
Osten	Holz	Frühling	Recht-eckig	Pflanzen	Blumen, Bambus	Grün, Braun
Westen	Metall	Herbst	Rund	Glocken	Wind-spiele, Stereo-anlage	Weiß, Metallic
Nord-westen	Metall	Herbst	Rund	Münzen	Gold	Weiß, Metallic
Nord-osten	Erde	Jahres-zeiten-übergang	Quadra-tisch	Steine	Kristalle, Globus	Gelb, Ocker
Süd-westen	Erde	Jahres-zeiten-übergang	Quadra-tisch	Hügel	Kiesel-steine, Urne	Beige, Erdfarben
Südosten	Holz	Frühling	Recht-eckig	Pflanzen	Blumen, Bambus	Grün, Braun

Die Praxis des Feng Shui verlangt eine sorgfältige Auswahl dieser Objekte. In der Tabelle oben finden Sie wichtige Hinweise und Vorschläge, womit und wie die Harmonie in jeder Ecke hergestellt werden kann. Beschäftigen Sie sich gründlich

mit ihr und beginnen Sie, indem Sie zunächst alle Ecken des Wohnzimmers energetisch aufladen.
Gehen Sie systematisch vor, wenn Sie Ihr Haus oder Ihre Wohnung harmonisieren möchten. Und beachten Sie, daß Sie anfangs nur den Wohnbereich energetisieren sollen. Machen Sie sich noch nicht an den Schlafzimmern zu schaffen. Ein Schlafzimmer ist ein Ort der Ruhe und verlangt folglich eine andere Perspektive, wenn dort auf das Feng Shui Einfluß genommen werden soll. Die Tabelle links sollte also nur im Wohnbereich (Wohnzimmer, Eßzimmer, Fernsehzimmer) Berücksichtigung finden.
Wenn Sie die Vorschläge für den ganzen Raum nutzen, dann können Sie die eine Ecke mit der entsprechenden Farbe, die nächste mit der zugehörigen Form und eine dritte mit einem dekorativen Objekt energetisieren. Es ist nicht erforderlich, alle Vorschläge anzuwenden. Abgesehen davon, daß es unpraktisch und teuer wäre, funktioniert Feng Shui auch nicht nach dem Prinzip: je mehr, um so besser. Alle Anregungen in diesem Buch sollten maßvoll umgesetzt werden.
So genügt ein Wassersymbol, um Wasserglück zu aktivieren. Zuviel Wasser kann Sie symbolisch sogar überfluten. Ebenso kann das Feuer von zu viel Yang-Energie oder zu vieler Lichter Sie auch verbrennen. Feng Shui funktioniert am besten, wenn Sie immer das Gleichgewicht aufrechterhalten.

Im Norden

Sie können Harmonie herstellen, indem Sie blaue Vorhänge vor die Fenster hängen, blaue Teppiche auslegen oder einen unansehnlichen Anblick außerhalb des Hauses mit blauen Planen abdecken. Jede Blauschattierung ist tauglich, da jede von ihnen mit Wasser assoziiert wird. Außerdem können Sie bei der Dekoration der nördlichen Wand oder Ecke Wassermotive einarbeiten. Alles, was wellenförmig ist oder einer sich am Strand brechenden Welle gleicht, kann Wasser symbolisieren.

Der Norden ist außerdem der Platz der schwarzen Schildkröte. Die Zahl des Nordens ist Eins, folglich wirkt sich eine einzelne Schildkröte am günstigsten aus. Wenn Sie sich eine lebendige Schildkröte halten können, sollte dies eine Wasserschildkröte sein. Investieren Sie in einen großen Wasserbehälter aus Keramik, dessen Rand möglichst mit vielversprechenden Glückssymbolen bemalt sein sollte.

Wenn es Ihnen gefällt, dann können Sie hier auch die Imitation einer Schildkröte plazieren, setzen Sie sie jedoch in eine flache Wasserschale. Auf diese Weise erzeugen Sie mit der Schildkröte und dem Wasser zugleich Harmonie und Glück. Da die Schildkröte darüber hinaus auch noch ein Symbol für ein langes Leben und Schutz ist, reicht eine einzelne Schildkröte in Ihrem Zuhause meist aus, um Ihnen während Ihrer gesamten beruflichen Laufbahn Glück zu sichern.

Ein weiteres ausgezeichnetes Merkmal für den Norden ist ein großes Aquarium, in dem Sie eine ungerade Anzahl Arowana, Karpfen oder Goldfische halten. Im Aquarium sind die tropischen Arowana am günstigsten, allerdings sind sie nicht leicht zu bekommen. Japanische Karpfen oder Zierkarpfen (Koi) sollten am besten in einem Teich im Garten gehalten werden. Bringen Sie Wassersymbole niemals direkt unter einer Treppe an, da sich dies ungünstig auf die zweite Generation, die Kinder, im Haus auswirkt.

Im Süden

Hier sollten Sie Feuer energetisieren, da dies das Element des Südens ist. Plazieren Sie in dieser Ecke ein dreieckig geformtes Möbelstück oder hängen Sie ein Bild mit einem kegelförmigen Berg auf. Falls sich an der südlichen Wand Vorhänge befinden, dann sollten sie einen beliebigen roten Farbton haben. Tapeten, in denen Rot die dominierende Farbe ist und die sich an einer Südwand befinden, ziehen Reichtum und Harmonie für die Familie an. Die Zahl des Südens ist Neun, also ist es gut, wenn sich neun Lichter im Raum befinden. Ein weiteres sehr gutes Merkmal, das sich außerordentlich harmoniefördernd auf die Familie auswirkt, ist ein Kamin.

Es ist wichtig, den südlichen Teil des Raums immer gut zu beleuchten. Falls sich die Tür in der Südwand befindet, so kann man sie rot anmalen, um kostbare Yang-Energie anzuziehen.

Die himmlische Kreatur, die mit dem Süden assoziiert wird, ist der rote Phönix. Dieses mit Flügeln versehene Tier bringt günstige Gelegenheiten für jegliches Vorankommen mit sich. Plazieren Sie einen schönen Vogel – einen Kranich, einen Flamingo, einen Pfau oder Hahn – als Bild oder Skulptur im Haus, um die Vitalität des himmlischen Phönix zu stimulieren.

Ein sehr guter Freund von mir erhielt einen Phönix aus Kristall mit eingearbeiteten Goldsplittern zum Geschenk, der ihm unglaublichen Reichtum bescherte. Sobald er den Vogel in einer Vitrine, die sich auf der Südseite seiner Eingangshalle befand, aufgestellt hatte, wurde er gebeten, Vorsitzender in einer großen Bank zu werden. Seit dieser Zeit nimmt sein Reichtum stetig zu, und er hat die Position in nichtleitender Funktion auch weiterhin inne, obwohl er bereits über siebzig Jahre alt ist.

Im Osten und Südosten

Zu diesen Himmelsrichtungen gehört das Element Holz. Hier stellt alles Grüne und Blaue augenblicklich Harmonie her. Präsentieren Sie in diesem Teil des Raumes viele Blumen und Pflanzen, da diese Wachstum symbolisieren. Die Form in dieser Ecke ist im günstigsten Fall rechteckig, und die Zahlen lauten Drei und Vier. Drei Topfpflanzen im Osten und vier gefüllte Blumenvasen im Südosten sollten der Familie materiellen Reichtum und viele Gelegenheiten zum Wachstum bringen.

Der Osten ist darüber hinaus der Ort des grünen Drachen. Wenn Sie also eine schöne Zeichnung oder eine Keramikskulptur eines Drachen auftreiben können, dann sollten Sie sie in diese Ecke stellen, da sie Ihnen dort zu enormem Wohlstand verhelfen kann.

Im Westen und Nordwesten

Hier sind die beherrschenden Farben Weiß und Metallic. Vorhänge, Stoffe, Teppiche und Tapeten, sie alle sollten eine Spur von Gold enthalten, um die vielversprechende Energie dieser Ecken hervorzuholen. Am besten sind diese beiden Ecken jedoch mit den alten antiken Münzen zu energetisieren, die während der letzten Dynastie in China geprägt wurden. Bei vielen abergläubischen chinesischen Tycoons hängen die zehn Kaisermünzen zusammengebunden mit einem roten Faden an der Westwand ihres Büros.

Auch Sie können Münzen an der Westwand Ihres Hauses aufhängen. Sie haben mehrere Möglichkeiten, sie auf glückbringende Weise zusammenzubinden. Am einfachsten ist es, drei Münzen mit der Yang-Seite nach oben zu einem Dreieck zu verbinden. Die Yang-Seite ist jene, auf der vier chinesische Schriftzeichen dargestellt sind. Die Yin-Seite zeigt nur zwei Schriftzeichen. Binden Sie die Münzen mit einem rotem Band zusammen und legen Sie sie in ein kleines Jadekästchen, das sich seinerseits wiederum in einer Vitrine befindet.

Im Nordosten und Südwesten

Hierher gehören die Farben Gelb, Ocker und jede andere Farbe, die an Erde erinnert. Es kann sich also auch um Rottöne, gelbe Schattierungen und das Weiß von Sand handeln – oder um die durchsichtige »Farbe« von Kristall. In diesen mit Erde in Beziehung gesetzten Himmelsrichtungen ist auch das Feuerelement günstig, da Feuer Erde produziert.
In diesen Teilen des Hauses können Sie folglich ein warmes Ambiente schaffen, das an die Erntezeit am Ende des Sommers erinnert. Sollten sich in der betreffenden Wand Fenster befinden, dann runden Sie das Gefühl eines nahenden Herbstes noch durch Vorhänge ab, in denen strahlende Orange- und Ockertöne dominieren. Sollte sich die Eingangstür in einer dieser beiden Ecken befinden, dann können Sie sie, um Glück und Harmonie herbeizuführen, rot anmalen. Hat die Tür ihren Platz in diesen Bereichen, dann ziehen Sommer- und Herbstfarben wunderbar günstige Energien ins Haus.

Das eheliche Bett schützen

Es kann kein Familienglück geben, wenn die beiden wichtigsten Mitglieder der Familie – der Vater und die Mutter – nicht miteinander auskommen. Kommt es sogar zu physischer Gewalt oder Trennung, ist dies ein sehr großes Unglück und wird oft verursacht, weil das Feng Shui des Ehebetts durch Shar Qi beeinträchtigt wird. Entsprechend wichtig ist es, das eheliche Bett zu schützen und dafür zu sorgen, daß es nicht von verborgenen Giftpfeilen getroffen wird.

Ein günstig ausgerichtetes Bett gestattet es dem Patriarchen, basierend auf der Gua-Zahl (siehe Seite 78–82), mit dem Kopf in die für ihn günstigste Richtung zu schlafen. Je nachdem, welche Art Glück er aktivieren will, wird er hierzu zwischen vier günstigen Richtungen wählen können. Doch ist es nicht immer möglich, ein Bett genau so aufzustellen, daß es sich in einer Linie mit der besten Himmelsrichtung befindet. Oft gibt es einfach zu viele Hindernisse.

Damit sind weniger Möbel als vielmehr alle möglichen unheilvollen Konstellationen gemeint, von denen der Standort des Bettes betroffen sein kann. So könnte das Bett etwa der Tür genau gegenüberstehen oder sich zwischen zwei Türen, unter einem Fenster oder einem sichtbaren Deckenbalken befinden – all diese Merkmale würden jedes für sich sofort das Feng Shui des Bettes zerstören. Sehen Sie sich also das Schlafzimmer genau an, bevor Sie das Bett darin aufstellen, und halten Sie sich an die Richtlinien für ein gutes Feng Shui im Schlafzimmer auf Seite 128–130.

Der Reichtum materiellen Besitzes

»Feng Shui geht von der Vorstellung aus, daß das Universum reich und üppig ist. Stell dich auf Reichtum ein, und Feng Shui wird die Gelegenheiten schaffen und die Bedingungen erfüllen, um ihn für dich zu verwirklichen.«

Stellen Sie sich vor, daß das Universum ein reicher und üppig ausgestatteter Ort ist und daß jeder, der darin lebt, Anrecht auf einen großzügigen Anteil an dem hat, was es bietet. Alles, was Ihr Herz und Geist auf der materiellen ebenso wie auf der emotionalen, mentalen und letztlich auch spirituellen Ebene wünscht, können Sie erreichen, wenn Sie es nur wollen.

Wie das geht, sagt Ihnen Feng Shui. Am leichtesten lassen sich die materiellen Träume verwirklichen, also der Wunsch nach Geld, Reichtum und Wohlstand. Wenn der Geist die Entschlossenheit aufbringt und die äußere Umgebung vorteilhaft und durch Feng Shui entgegenkommend gestaltet wird, dann rückt Reichtum in erreichbare Nähe. Oft erkläre ich den Leuten, daß von allen Bestrebungen, die Feng Shui zu unterstützen verspricht, materielle Fülle vermutlich am leichtesten zu erreichen ist.

Feng Shui bietet viele Formeln, mit deren Hilfe Sie Ihren Lebensraum einrichten und Ihre Zimmer gestalten können, um sich selbst reicher zu machen. Es gibt eine Vielzahl von Methoden, die insbesondere darauf abzielen, das Einkommen und den Wohlstand zu erhöhen. Schwierigkeiten entstehen erst dann, wenn Sie sich nicht entscheiden können, welche der möglichen Techniken Ihnen am besten dient.

Ungeachtet dessen, ob Sie sich nun der Feng-Shui-Formeln bedienen oder aber Ihr Haus mit all den Reichtum schaffenden Glückssymbolen anfüllen, Sie sollten unbedingt auch Ihren Geist auf positive Ergebnisse einstimmen. Bevor Sie wirklich wohlhabend werden können, müssen Sie sich zuerst selbst davon überzeugen, daß Sie es verdienen, reich zu werden.

Mit dem Ausdruck »sich selbst davon überzeugen« ist gemeint, daß Sie sich auf Reichtum programmieren und eben nicht auf Armut. Glauben Sie nicht, daß das Leben voller Leid ist und sein muß, daß wir eben nicht alles haben können und uns mit dem zufriedengeben sollten, was für uns abfällt.

Als ich noch ein Kind war, habe ich mich oft darüber gewundert, warum meine Tanten und Onkel mich rügten, wenn ich maßlos war. Mir wurden Schuldgefühle suggeriert, weil ich mir Saft statt Wasser bestellte, weil ich lieber Spitze trug als Leinen. Ich sollte mich schlecht fühlen, weil ich alles wollte. Lange Zeit war ich davon überzeugt, ich sei zu gierig. Als ich dann zweiundzwanzig Jahre alt war, entdeckte ich Helen Gurley Brown und *Cosmopolitan*. Ich übernahm ihre »Ich will alles«-Einstellung und machte mich daran, all meine Schuldgefühle abzustreifen, weil ich reich und erfolgreich sein wollte. Zum ersten Mal konnte ich mir eingestehen, ohne mich deshalb schlecht zu fühlen, daß ich Luxus mochte. Ich freute mich über mein erstes eigenes Auto. Ich war begeistert, als ich meinen ersten Gehaltsscheck erhielt und meine erste Wohnung einrichtete. Als ich zu arbeiten anfing, war ich insbesondere über meine finanzielle Unabhängigkeit glücklich.

Weil ich diese »Armutsprogrammierung« meiner Kindheit aufgab, konnte ich später meinem Feng-Shui-Lehrer Herrn

Yap Cheng Hai sagen, daß ich wohlhabend sein wollte. Damals interessierte mich tatsächlich allein der Aspekt von Feng Shui, der sich mit der Schaffung von Reichtum befaßte. Herr Yap erklärte mir, daß alle materiellen Dinge ein eigenes Energiefeld haben. Und weil materielle Dinge unbelebt sind, sind ihre Energiefelder mehr yin als yang. Um also diese wunderbaren Dinge – Autos, Häuser, Schmuck, Kunst und so fort – in unser Leben zu ziehen, müssen wir nur die wertvollen Yang-Energien der Fülle in unser Heim ziehen oder dort erzeugen. Das Yang-Energiefeld wirkt dann wie ein Magnet, der materielle Bequemlichkeiten und wertvolle Dinge in unser Leben holt.

Mit Hilfe von Feng Shui können wir also große Mengen des kosmischen Qi anziehen, in dessen Gefolge Reichtum und Wohlstand zu uns kommen.

Feng Shui geht davon aus, daß die Erde von natürlichem Reichtum erfüllt ist. Um daran teilzuhaben, müssen wir lediglich geschickt Energiekanäle einrichten, die den Wohlstand direkt in unser Leben und in unseren Lebensraum leiten.

Mit Feng Shui Reichtum zu schaffen kann sich daher wie eine frische Brise anfühlen – leicht und angenehm. Es ist nicht notwendig, alle und jede Methode auszuprobieren. Lassen Sie sich nicht durch die große Menge oft widersprüchlicher Ratschläge verwirren oder verärgern, die Sie erhalten, wenn Sie sich zum erstenmal von »Feng-Shui-Meistern« beraten lassen. Benutzen Sie Ihren gesunden Menschenverstand und Ihre Intelligenz, um sich ein vernünftiges Urteil über die Ratschläge zu bilden. Glauben Sie auch nicht den Unsinn, daß Feng-Shui-Meister bescheiden leben müssen. Sie versuchen damit nur ihren Mangel an Reichtum oder ihr Verschuldetsein zu erklären. Schenken Sie der Geschichte vom Feng-Shui-

Asketen oder Feng-Shui-Medium oder Feng-Shui-Spiritisten keinen Glauben. Jeder, der über genug praktisches und theoretisches Wissen verfügt, kann Feng-Shui-Spezialist sein. Sie brauchen auch keine speziellen Amulette oder irgendwelche heiligen Objekte, um Ihr Feng Shui so zu fördern, daß es für Sie Reichtum schafft.

Vor zwei Jahren, als ich in Melbourne ein Seminar abhielt, kam mir die reinste Horrorgeschichte zu Ohren. Unter meinen Zuhörern befand sich ein siebenundzwanzigjähriger Mann, der neuntausend Dollar bezahlt hatte, um bei einem »Feng-Shui-Meister« zu lernen. Bevor er als Schüler angenommen wurde, mußte er zwei Wochen fasten, die wichtigen Feng-Shui-Orte Chinas aufsuchen und sich von all seinem Geld trennen. Wenden Sie sich in Ihrer Begeisterung für Feng Shui nicht einfach an den ersten besten »Meister«. Öffnen Sie auch nicht jedem, der sich als Feng-Shui-Spezialist bezeichnet, sogleich die Türen zu Ihrem privaten Lebensbereich.

Feng Shui verfügt über einen reichen Schatz an Theorien und Techniken. Es handelt sich weder um ein religiöses noch um ein spirituelles Verfahren, obwohl wir, wenn wir es wollen, unsere eigenen spirituellen Überzeugungen mit Feng Shui kombinieren können. Dies trifft insbesondere auf den Bereich der energetischen Reinigung zu. Das einfache Feng Shui läßt sich sehr leicht auf Ihren Lebens- und Arbeitsraum anwenden und ist nicht weniger wirkungsvoll als fortgeschrittenes Feng Shui. Wenn Sie Reichtum in Ihr Leben holen möchten, dann besteht Ihr erster Schritt darin, daran zu glauben, daß Sie Reichtum verdienen und wirklich wollen, und dann gehen Sie den Rest dieses Kapitels nach Ratschlägen durch, mit denen Sie Ihr Reichtumsglück energetisieren können.

Platz schaffen für neuen Besitz

Bevor Sie Ihre Möbel umstellen und Türen herausreißen, um sie an anderer Stelle wieder einzusetzen, ist es sinnvoll, zunächst mit einem geschärftem Blick durch Ihr Haus zu gehen und festzustellen, welche Gegenstände Sie nicht unbedingt brauchen. Wenn Sie Ihr Feng Shui verstärken wollen, um neuen Besitz und Reichtum anzuziehen, dann müssen Sie zunächst einmal dafür sorgen, daß in Ihrer Wohnung auch Platz ist, um die neuen Gegenstände aufzustellen. Nur wenn Sie Raum für sie schaffen, finden sie den Weg in Ihr Leben.

Sammeln Sie all die Kleidungsstücke, Bücher und anderen Dinge ein, die Sie nicht mehr brauchen, und geben Sie alles sofort weg. Ich tue dies einmal im Jahr und habe es die vergangenen dreißig Jahre meines Lebens so gehalten. Ich gehe davon aus, daß ich nur dann Platz für neue Dinge habe, wenn ich bereit bin, mich vorher von altem Besitz, an dem ich nicht weiter hänge, zu trennen. Ich versuche, möglichst keine emotionale Bindung an meine materiellen Besitztümer zu entwickeln, auch nicht an die Firmen, die ich begründe oder kaufe. Sobald ich die Entscheidung getroffen habe zu verkaufen, nehme ich das erste gute Angebot an.

Das ist eine sehr wichtige vorbereitende Maßnahme für die Reichtumsgleichung. Wenn Sie reich werden wollen, dann müssen Sie lernen, loszulassen und sich dem Fluß der Energie zu überlassen. Feng Shui geht davon aus, daß sich die energetischen Rhythmen, die die Erschaffung von Geldglück kontrollieren und für die Entstehung materieller Dinge im Universum sorgen, beständig in Bewegung und im Fluß befinden. Um die Geheimnisse von Wohlstandsglück würdigen zu können, müssen wir zunächst das Wesen dieses Rhythmus, dieses Flusses begreifen. Aus diesem Grund müssen wir, schon während wir unseren Lebensraum energetisch aufladen und unser Haus so einrichten, um gutes Feng Shui anzuzapfen, zugleich in uns Platz schaffen, in den wir die Schätze des Wohlstands aufnehmen können.

Lernen Sie zu geben. Damit meine ich nicht den Kram, den Sie hinauswerfen und von dem Sie Ihre Wohnung befreien müssen. Es ist Ihr Geist, den Sie transformieren müssen. Um Wohlstand zu empfangen, müssen Sie begreifen, daß Sie um so mehr erhalten, je mehr Sie geben. Je mehr wir geben, desto größer ist der innere Raum, den wir schaffen, um die vielen neuen Dinge aufzunehmen, die zu uns kommen. Klammern wir uns hingegen an allem fest, was wir haben und gegenwärtig besitzen, dann schaffen wir letztlich nur Blockaden, die den natürlichen Energiefluß des Universums hemmen. Damit stören wir die Rhythmen.

Wenn Sie Feng-Shui-Prinzipien anwenden, dann vergessen Sie nicht, daß es im Feng Shui darum geht, das kosmische Qi zu beeinflussen, das der Energie unserer Umgebung gleicht. Energie gibt es in vielerlei Formen. Sie kann materieller Reichtum sein, Liebe, Zuneigung, Anerkennung, Wertschätzung, Geld, Freundschaften – alles überhaupt nur Denkbare. Vielversprechendes kosmisches Qi hat die Tendenz, sich von jenen angezogen zu fühlen, die eine unverkrampfte Einstellung zu ihren Zielen haben. Wenn Sie wissen, wie Sie loslassen und Ihre Arme öffnen müssen, um Wohlstand zu empfangen, dann wird Feng Shui bei Ihnen rasch Wirkung zeigen.

Ist aber Ihre Einstellung eher verkrampft und gierig, dann könnte auch das günstigste Qi »schlecht« werden, sobald es erst einmal über Ihre Schwelle getreten ist. Sehen Sie sich Ihre Freunde, Kollegen und Familienmitglieder an. Sie werden feststellen, daß jene, die eine gierige Einstellung haben, nur selten glücklich sind. Sie machen den Eindruck, als würde ihnen etwas vorenthalten, als würden sie verzweifelt nach allem grapschen, was sich ihnen gerade bietet. Solche Menschen sind für gewöhnlich geizig, auch mit ihrem Lob. Es fällt ihnen schwer, anderen Menschen Komplimente zu machen. Sie wissen weder, wie man aus sich herausgeht, noch wie man gibt, und folglich ist in ihrem Inneren kein Platz, um etwas zu empfangen. Sie haben meist einen verhungerten Blick. Sie sind voll des tödlichen Hauchs, während ihnen die Vitalität der Yang-Energie ganz und gar abgeht.

Hingegen sind die Menschen mit einem großen Herzen und einer gutmütigen Einstellung für gewöhnlich glücklich und ausgeglichen. Sie werden am meisten und raschesten von Feng Shui profitieren. Sie sind oft die ersten, die Lob oder Glückwünsche aussprechen, die Anerkennung zeigen oder verständnisvoll ihre Schulter anbieten. Großzügige Seelen verströmen eine Aura, die in der Tat sehr stark yang ist. Solche Menschen haben reichlich Platz in sich, um all den Reichtum und die Fülle zu empfangen, die gutes Feng Shui mit sich bringt.

Wenn Sie also wollen, daß Feng Shui auch bei Ihnen seine besondere Art der Magie wirken läßt, dann denken Sie daran: Geben erzeugt eine wirklich vielversprechende Aura. Je stärker Sie Ihre Fähigkeit zu geben entwickeln, desto mehr fördern Sie Ihre persönliche Aura und Energie. So ziehen Sie eine wahrhaft riesige Fülle materiellen Reichtums an.

Visualisieren, was Sie sich wünschen

Bedienen Sie sich der Macht Ihres Bewußtseins, um all das zu visualisieren, was Feng Shui Ihnen bringen soll. Das Wunderbare an materiellem Reichtum ist, daß man ihn tatsächlich in Zahlen ausdrücken kann. Als ich mich Ende der achtziger Jahre aus dem Geschäftsleben zurückziehen, all meinen Besitz in Hongkong verkaufen und dann nach Malaysia zurückkehren wollte, hatte ich eine ganz konkrete Vorstellung, wie reich ich zu diesem Zeitpunkt würde sein müssen. Ich entwickelte ein starkes inneres Bild dessen, was ich am meisten brauchte, und jedesmal, wenn ich meine Feng-Shui-Fische – meine Arowana – fütterte, teilte ich ihnen die magische Zahl mit.

Ich hielt fünf dieser lebendigen Symbole des Wohlstands in meiner Wohnung in Hongkong. Meine fünf Arowana waren nur achtzehn Monate lang bei mir, doch in dieser kurzen Zeit halfen sie mir, so viel Geld zu verdienen, daß ich nie mehr arbeiten muß. Die Verwendung von Arowana, um Wohlstandsglück zu erzeugen, ist unter den chinesischen Geschäftsleuten im Fernen Osten weit verbreitet. Es funktioniert bei allen. Der einzige Unterschied besteht darin, daß dieses Glückssymbol verschiedene Mengen und Arten von Reichtum für die jeweilige Person herbeischafft. Also überlegen Sie sich genau, was Sie wollen. Konzentrieren Sie sich, und laden Sie Ihre Ziele mit kraftvoller Energie auf.

Wenn Sie sich ebenfalls Arowana halten wollen, sollten Sie wissen, daß es Fleischfresser sind, die sehr schnell wachsen und recht groß werden, Sie benötigen daher ein großes Aquarium. Da der Arowana eine tropische Fischart ist, sollten Sie das Wasser in den Wintermonaten ein wenig heizen. Sie sind recht schwer erhältlich, und ein zehn Zentimeter großes

Exemplar kostet etwa fünfzig Mark. Ein einzelner Arowana genügt; wollen Sie andere halten, dann wählen Sie eine ungerade Anzahl, ansonsten erzeugen die Fische Streit.
Überlegen Sie es sich auch gut, welche Feng-Shui-Verstärker Sie in Ihrem Haus zum Einsatz bringen wollen. Es ist nicht notwendig, die Dinge zu übertreiben, und ohnehin unmöglich, alle Vorschläge umzusetzen. Sie sollten nur die Ratschläge anwenden, die sich leicht realisieren lassen. Kombinieren Sie möglichst mehrere Methoden. Oft sind die einfachsten und praktischsten Empfehlungen jene aus dem Bereich der Feng-Shui-Symbole (siehe Tabelle Seite 198).
Probleme, die durch Toiletten, fehlende Wände oder Ecken und durch die Ausrichtung der Eingangstür verursacht werden, bedürfen oft struktureller Veränderungen. Sie lassen sich für gewöhnlich schwerer realisieren. Feng-Shui-Korrekturen können hier die Situation manchmal sogar noch verschlimmern. Tun Sie einfach das, was Ihnen möglich ist, und wenn Sie wirklich einmal gar keine wirksamen Gegenmaßnahmen ergreifen können, dann setzen Sie Ihren Geist ein, um die Änderungen zu visualisieren.
Lassen Sie in Ihrem Kopf ein Bild davon entstehen, in welche Himmelsrichtung sich die Eingangstür eigentlich öffnen soll. Oder stellen Sie sich eine Wand dort vor, wo sie im Haus fehlt. Verwenden Sie also Visualisierung, um Ihre übrigen Bemühungen um gutes Feng Shui in Ihrem Haus zu unterstützen. Sie werden überrascht sein, wie wirkungsvoll es ist, die Macht Ihres Geistes auf diese Weise einzusetzen.
Der Geist verfügt über die Fähigkeit, Energiemuster zu erzeugen, die ungeeignete Ausrichtungen und Himmelsrichtungen transformieren. Wo es erforderlich ist, verwenden Sie Fotos und Zeichnungen, um Ihre Visualisierung zu unterstützen. Diese Methode ist besonders hilfreich, wenn es um fehlende

Ecken im Haus geht. Ist es die südöstliche Ecke, die fehlt, dann wissen Sie, daß dies Ihr Wohlstandsglück beeinträchtigt, was eine ernste Angelegenheit sein kann. Setzen Sie Ihren Geist ein, um sich vorzustellen, daß die fehlende Ecke ergänzt wurde.

Ich habe eine sehr gute Freundin, Helen, in deren Haus tatsächlich die südöstliche Ecke fehlte. Das war für sie ein besonders ernstes Problem, weil der Südosten außerdem auch noch die Sheng-Qi-Ecke und -Richtung für sie und ihren Mann war. So, wie die anfängliche Auswertung aussah, hätte in dieses Haus kaum Reichtum einziehen können. Als erstes riet ich ihr, die südöstliche Ecke zu ergänzen. Ich schlug ihr außerdem vor, ein Wassersymbol einzubringen, um das Holzelement des Südostens zu energetisieren, ein Licht aufzustellen, um das Qi in der Ecke zu stärken, und das Feuerelement zu plazieren, um die erforderlichen Umstände für das Wachstum des Holzelements zu schaffen.

Helen verfügte nur über wenig Raum, mit dem sie arbeiten konnte, doch ist sie eine entschlossene Frau. Sie visualisierte eine große südöstliche Ecke. Dann stellte sie dort einen kleinen Springbrunnen auf (er hatte lediglich einen Durchmesser von dreißig Zentimetern) und ließ ihn in der Phantasie ebenfalls auf imposante Größe anwachsen. Schließlich beschaffte sie sich ein paar Kieselsteine, besprühte sie mit Goldfarbe und visualisierte sie als wirkliches Gold.

Sie wollte von mir wissen, ob es wohl funktionieren würde, und ich gratulierte ihr überschwenglich, weil soviel Kreativität einfach gefördert werden muß. Es war kein Wunder, daß Helen an Stärke gewann und daß sich ihr Geschäft sprunghaft vergrößerte. Die Macht des Feng Shui kann also erheblich verstärkt werden, wenn Sie viel mentale Energie einbringen.

Sie werden feststellen, daß die Anwendung von Feng-Shui-Prinzipien mit der Unterstützung von Visualisierungen viel rascher Ergebnisse zeigt als ohne eine Ergänzung durch diese zusätzliche Dimension. Darum waren viele mächtige Feng-Shui-Meister in China früher zugleich Mönche oder Äbte. Durch ihre spirituelle Ausbildung waren sie dazu in der Lage, ihre Feng-Shui-Anwendungen durch wirkungsvolle geistige Kräfte zu unterstützen. Vermutlich stammt aus diesem Aspekt der Feng-Shui-Praxis die spirituelle Dimension transzendenter Lösungen für schwierige Feng-Shui-Probleme, wie sie von bestimmten Feng-Shui-Schulen angewendet werden.

Gewinnbringendes Feng Shui für Geschäfte

Feng Shui eignet sich besonders gut für geschäftliche Unternehmungen in Firmen wie auch im Handel. Das Feng Shui der Hauptgeschäftsstelle einer Firma ist von großem Einfluß auf das Vermögen des Gesamtunternehmens, so wie auch das Feng Shui des Ladenlokals sich auf die Umsätze und Gewinne des Geschäfts auswirkt.
Die Anwendung von Feng Shui in der Geschäftswelt ist aufregend und vielversprechend. Vor allem folgende zwei Dinge beeinflussen die Firmengewinne:

- Das Feng Shui der Eingangstür in die Hauptgeschäftsstelle oder in das zentrale Verwaltungsgebäude.
- Das Feng Shui im Büro des Geschäftsführers.

Es gibt Gebäude mit einem guten und Gebäude mit einem schlechten Feng Shui. Ich erinnere mich daran, daß ich ungefähr vor zwanzig Jahren mitten in New York stand und am PanAm-Gebäude mit dem Gedanken hochblickte, ob die hohen Tiere dieser Gesellschaft wohl ahnten, daß sie eines Tages zumachen würden. Ich studierte damals in Harvard Betriebswirtschaft und hatte einem Mitstudenten alles über Feng Shui erzählt, was ich wußte. Ich wies auf das PanAm-Gebäude und erklärte ihm, warum die Firma eines Tages nicht mehr existieren würde. Eine lange Prachtstraße führte direkt auf das Gebäude zu – ein tödlicher Giftpfeil.
Firmengebäude sollten immer mit großer Sorgfalt geplant werden. Wenden Sie sich schon in der Planungsphase an einen Feng-Shui-Meister. Noch besser wäre es, den Feng-Shui-Meister zu konsultieren, bevor Sie das entsprechende Grundstück kaufen. Denn das schlechte Feng Shui von zentralen Verwaltungsgebäuden ist meist auf das tödliche Qi zurückzuführen, das durch die übrige Bebauung verursacht wird. Bei der Planung großer Immobilienprojekte wie ausgedehnter Bürokomplexe, Einkaufszentren und so fort kann eine solche Vorgehensweise entscheidend sein.
Bei Einzelhändlern beeinflußt das Gebäude, in dem sie ihr Geschäft einrichten, Ihre Verkäufe. Allgemein gesprochen haben belebte Gegenden ein besseres Feng Shui, einfach weil dort viel gute Yang-Energie vorhanden ist. Solche Lagen sind natürlich in der Regel teurer. Im Kasten auf Seite 218–219 finden Sie Hinweise, die Sie bei der Suche nach einem neuen Ladenlokal beachten sollten. Darüber hinaus gibt es mehrere erprobte Methoden, um das Geschäfts-Feng-Shui von Einzelhandelsunternehmen zu verbessern.

Die Verwendung von Spiegeln

Wenn Sie das Feng Shui Ihres Ladens verstärken möchten, sollten Sie alle Wände, an denen Sie Waren-Displays aufgebaut haben, mit Spiegeln verkleiden. Diese Spiegel sollten auch Ihre Registrierkasse reflektieren. Spiegel verdoppeln die Zahl der Kunden im Geschäft und somit auch die Tageseinnahmen. Geschäfte (vor allem Restaurants), die sich auf diese Weise Spiegel zunutze machen, sind in der Regel äußerst erfolgreich, vorausgesetzt die Spiegel sind richtig plaziert.

Zerschneiden Sie Ihre Spiegel nicht in bedrohliche Formen mit spitzen Winkeln. Bedecken Sie einfach die gesamte Wand. Spiegel müssen hoch genug hängen, um großen Kunden nicht die Köpfe abzuschneiden. Doch sollten sie auch die Beine der Kunden nicht kappen. Es ist sehr wichtig, daß die Kasse Teil des Spiegelbilds ist, denn damit verdoppeln Sie Ihre Verkäufe.

Die Verwendung von chinesischen Münzen

Eine weitere Methode ist es, drei mit rotem Band verbundene chinesische Münzen auf der Kasse, der Geldkassette oder auf dem Rechnungsbuch zu befestigen. Mit dieser Maßnahme erzeugen Sie hohes Einkommensglück, und die Münzen sollen außerdem einen Schutz gegen Betrug darstellen. Verwenden Sie hierfür die alten chinesischen Münzen mit einem viereckigen Loch in der Mitte. Sie symbolisieren die Vereinigung von Himmel und Erde. Die Münzen verfügen über eine Yang- und eine Yin-Seite. Achten Sie darauf, daß die Yang-Seite (mit vier Schriftzeichen) sichtbar ist. Vergessen Sie den roten

Gutes Feng-Shui für Läden

- Meiden Sie Ladenparzellen, die sich am Ende eines langen Gangs befinden. Es wird Ihnen schwerfallen, dort Gewinne zu erzielen. Noch schlimmer ist es, wenn sich der Laden am Ende einer geraden Straße befindet.
- Meiden Sie Geschäfte, die an Toilettenanlagen angrenzen oder sich unterhalb einer Toilette befinden. Der tödliche Hauch, der von dieser Konstellation ausgeht, ist stark!
- Läden mit großér räumlicher Tiefe legen nahe, daß Sie lange Zeit im Geschäft bleiben werden. Solche mit geringer Tiefe lassen ahnen, daß Ihr geschäftliches Überleben nur von kurzer Dauer sein wird.
- Läden mit regelmäßigen geometrischen Grundrissen sind immer besser als solche, die eine unregelmäßige Form haben.
- Geschäfte, die auf eine große, freie Fläche oder auf einen breiten Gang münden, sind immer besser als solche, die sich auf einen überfüllten Fußgängerweg hin öffnen. Die leere Fläche dient als magischer »heller Saal«, in dem das vielversprechende Qi Fuß fassen, sich sammeln und gutes Feng Shui bewirken kann.
- Ladeneingänge sollten sich nie gegenüber von einzeln stehenden Säulen, Pfeilern oder scharfkantigen Objekten befinden, da diese Qi fernhalten und außerdem unsichtbare Giftpfeile ausschicken.
- Eckläden haben für gewöhnlich ein besseres Feng Shui, vor allem wenn sie sich in der Mitte des Einkaufszentrums befinden. Wählen Sie immer die Ecke mit dem größten Publikumsverkehr, da dies dem Ort mit der größten Yang-Energie entspricht.

- Geschäfte in Hauptstraßen profitieren zusätzlich von dem Verkehr in den Nebenstraßen, doch sollten sie niemals einer einmündenden Nebenstraße direkt gegenüberliegen.
- Der Verkehr sollte nicht den Anschein erwecken, als fließe er von dem Geschäft weg.
- Ein Springbrunnen vor dem Geschäft ist ausgezeichnet, vorausgesetzt, er ist im Vergleich zu dem Laden nicht zu groß.

Faden nicht, da er dazu beiträgt, die Münzen energetisch aufzuladen. Falls Sie solche alten chinesischen Münzen nicht auftreiben können, so können Sie auch moderne chinesische oder Münzen Ihrer eigenen Währung verwenden.

Manche Feng-Shui-Meister raten, ein Schwert aus Münzen oder die zehn Kaisermünzen aufzuhängen. Diese und andere aus Münzen zusammengestellten Symbole können Sie in Souvenir- und Antiquitätengeschäften in Hongkong, Taiwan, Singapur und überall dort kaufen, wo es eine chinesische Bevölkerung gibt. Was mich betrifft, so habe ich festgestellt, daß drei auf einfache Weise mit der Yang-Seite nach oben zusammengebundene Münzen als Glückssymbol ausreichend wirksam sind.

Die Verwendung von Bambus

Hängen Sie zwei mit rotem Faden zu einem Paar zusammengefaßte Bambusstäbe hoch über Ihrer Kasse auf. Dies wird einen stetigen Fluß aus günstigem Qi auf Ihre Kasse bewirken und damit Reichtum in den Laden führen. Die

Bambusstäbe können so aufgehängt werden, daß sie dem Bagua-Symbol gleichen. Damit ihre Wirkung günstig ist, geht es jedoch vor allem darum, daß Qi durch ihren hohlen Innenraum strömen kann. Versuchen Sie Bambusstäbe zu bekommen, die einen Durchmesser von etwa anderthalb Zentimetern haben und ungefähr fünfzehn Zentimeter lang sind.

Geld-Feng-Shui in jedem Bereich

Feng-Shui-Tips in bezug auf Geld können in allen Bereichen zur Anwendung kommen – zu Hause, im Geschäft, im Restaurant, in der Fabrik und im Büro. Jeder, der Feng Shui nutzen will, um sein Einkommensglück zu verbessern, sollte sich einen Vorrat dieser alten chinesischen Münzen anlegen, da sie Geld ausgezeichnet aktivieren. Bewahren Sie sie in Ihrer Geldbörse auf, kleben Sie sie auf wichtige Akten, auf Faxgeräte oder Computerbildschirme. Auf dem Computer befestigt, verschaffen sie Ihnen über E-Mails Möglichkeiten zum Geldverdienen, während sie auf dem Faxgerät durch dieses Gerät selbst Ihren Wohlstand mehren.

Eine weitere gute Methode, um Geldglück in Ihr Zuhause zu holen, besteht darin, den Gott des Reichtums aufzustellen. Diese chinesische Darstellung eines alten Mannes, der auf einem Tiger sitzt, heißt Tsai Shen Yeh, und seine Anwesenheit in der Wohnung oder im Büro (hinter Ihrem Sitzplatz) soll ausgezeichnetes Geldglück herbeiführen. Da sich Chinesen ziemlich stark mit Geld beschäftigen, verfügen sie über mehr als nur einen Gott des Reichtums. Tatsächlich ist die populärste Darstellung einer Wohlstand symbolisierenden

Gottheit jene von Guan Kung, dem heiligen Gott des Krieges. Darstellungen dieser beiden Götter sind in jedem Asienladen erhältlich.

Im Haus können Sie die Figuren in der Nähe der Eingangstür aufstellen. Die von ihnen hervorgerufenen Energien sind äußerst günstig. Sie sollen die Gottheiten nicht anbeten, sie werden lediglich im Haus plaziert, um Wohlstand zu symbolisieren und herbeizurufen. Außer diesen beiden sollten auch die drei Sterngötter – Fuk Luk Sau, die ebenfalls für Reichtum und Wohlstand und außerdem für ein langes Leben zuständig sind – einen Platz im Haus zugewiesen bekommen. Auch sie haben einen rein symbolischen Charakter und dienen nicht der Anbetung.

Zu den chinesischen Symbolen für Wohlstand gehören auch die himmlischen Geschöpfe – der Drachen, der Phönix und die Schildkröte. Wenn Sie solche Figuren aufstellen, dann holen Sie für die Familie gutes Geldglück herbei. Bei der Schildkröte kann es sich auch um ein lebendes Tier handeln. Ich weiß gar nicht mehr, wie oft ich meinen Klienten schon empfohlen habe, eine Schildkröte im Haus zu halten, und ich bin jedesmal wieder überrascht, wie segensreich sich dieser Feng-Shui-Tip für viele Menschen auswirkt. Die Schildkröte bringt nicht nur Geldglück, sondern auch gute Gesundheit und ein langes Leben. Darüber hinaus ist sie ein Schutzsymbol. Dieses himmlische Geschöpf sollte am besten im Norden und mit Wasser plaziert werden, da Wasser das Element dieser Himmelsrichtung ist und sich beide gegenseitig fördern. Wenn es Ihnen wirklich nicht möglich ist, eine lebende Schildkröte zu halten, dann erfüllt eine Keramikschildkröte den Zweck ebenfalls.

Falls Sie Feng-Shui-Symbole in Ihrem Zuhause oder Büro aufstellen, dann ist es gut, sie in Übereinstimmung mit ihrem zugehörigen Element zu plazieren. Um äußerst wirksame Symbole handelt es sich, wenn sie aus Gold gefertigt sind. So wird eine vergoldete Schildkröte zur goldenen Schildkröte und zeigt, wenn sie im Norden aufgestellt wird, eine extrem glückliche Wirkung, da Gold als Metall ja wiederum Wasser produziert.

Ein weiteres Tier, das Reichtum verspricht, ist die dreibeinige Kröte. Dieses Symbol wird überall in China gerne verwendet. Die dreibeinige Kröte wird oft auf einem Haufen Goldmünzen sitzend und mit dem Yin-Yang-Zeichen auf dem Rücken dargestellt. In ihrem Maul hält sie eine Münze, die wiederum als Hinweis auf Gold zu verstehen ist. Sie ist ein äußerst vielversprechendes Glückssymbol. Stellen Sie sie in der Nähe der Eingangstür auf den Boden oder auf einen Tisch, doch nicht direkt gegenüber der Tür. Dies ist wirklich eine der einfachsten Verfahrensweisen, um Geldglück zu aktivieren. Sie können auch in jedem Zimmer eine dreibeinige Kröte aufstellen, wenn Sie es wollen!

Als abschließendes Beispiel für Symbole, die das Geldglück fördern, möchte ich das Segelschiff nennen. Es stammt aus der Zeit, als Segelschiffe die Ankunft von Gold und Geld bedeuteten. Viele erfolgreiche chinesische Unternehmen, vor allem Kaufleute und Händler, bedienen sich des Segelschiffs als Firmenlogo, da es das Glück symbolisiert, das zu guter Letzt eingetroffen ist.

Stellen Sie das Modell eines Segelschiffs im Eingangsbereich Ihres Büros oder Ihres Hauses auf. Achten Sie darauf, daß das Schiff nach innen fährt, das Modell soll das sichere Eintreffen im Hafen symbolisieren. Legen Sie ein paar echte Goldstücke auf das Schiffsdeck, da diese für eine bessere Energie sorgen. Wenn Sie wollen, können Sie das Schiff auch mit vorgetäuschtem Gold »beladen«. Dies sollten Sie jedoch mit starken

Visualisierungen verbinden, um das Symbol energetisch besser aufzuladen.
Ich bin gefragt worden, ob man in der Eingangshalle eines Handelsunternehmens nicht auch ein großes Frachtflugzeug aufhängen könne und ob dies nicht die gleiche Wirkung habe. Bei dieser Frage mußte ich leider passen, da die alten Bücher immer nur Schiffe erwähnen. Wenn ich jedoch, mit meinem gesunden Menschenverstand, die Gedanken hinter dem Feng Shui von Segelschiffen nachvollziehe, würde ich meinen, daß man auch Flugzeuge verwenden kann.

Wohlstands-Feng-Shui für zu Hause

Den alten Feng-Shui-Meistern zufolge handelt es sich dann um ein wohlhabendes Haus, wenn es sich in die Umarmung von grünem Drachen und weißem Tiger schmiegt. Diese Konfiguration wurde bereits auf den Seiten 28–32 unter dem Aspekt Landschafts-Feng-Shui beschrieben. Auf die Praxis bezogen, wollen die alten Meister damit jedoch vor allem zum Ausdruck bringen, daß Ihr Zuhause sich in einer hügeligen Landschaft befinden sollte, in der auch Drachen vorhanden sind. Erst wenn Sie an einem Ort leben, der unter dem Einfluß des Drachen steht, können Sie sich guten Geldglücks erfreuen. Dies ist eine der Grundregeln des Feng Shui.
In einer hügeligen Landschaft ist es jedoch von großer Bedeutung, die Eingangstür richtig auszurichten. Für Ihr Zuhause sollten Sie also folgende Grundregeln beachten.

- Das Gelände hinter Ihrem Haus (damit ist in der Regel das Land gemeint, welches sich auf der dem Eingang des Hauses abgewandten Seite befindet) sollte immer höher liegen als jenes vor Ihrem Haus. Wenn Ihre Eingangstür direkt auf höher liegendes Gelände zuführt, dann befindet sie sich in einer Art feindlicher Konfrontation mit einem Berg. Bei dieser Konfiguration kann es keinen Reichtum geben. Schlimmer noch, sie bringt für gewöhnlich Unglück. Diesem Problem können Sie am besten entgegenwirken, indem Sie Ihre Eingangstür versetzen. Egal, wie schwierig dies auch sein mag, Sie müssen versuchen, die Ausrichtung Ihres Hauses insgesamt zu verändern, indem Sie einen anderen Platz für die Eingangstür finden. Wenn hierzu gar keine Möglichkeit besteht, dann hängen Sie einen konvexen Yin-Bagua-Spiegel an die Außenwand über die Tür.

- Das Gelände linker Hand von Ihrem Haus (von innen nach außen blickend) sollte immer höher sein als jenes rechter Hand. Dies sorgt dafür, daß der Drache über den Tiger dominiert. Verhält es sich umgekehrt, dann ist dies ein Hinweis auf eine gefährliche Situation. Um sie zu korrigieren, sollt'en Sie ein hohes und sehr helles Licht auf der tiefer gelegenen Drachenseite installieren. Damit heben Sie das Qi des Geländes, das den Drachen symbolisiert, an. Oder aber Sie errichten einen Zaun auf der Tigerseite. Der weiße Tiger ist im Lo-Shu-Quadrat mit dem Metallelement verbunden, und da Rot beziehungsweise Feuer im Zyklus der Elemente Metall zerstört, kann es den weißen Tiger unter Kontrolle halten.
- Großes Wasser in der Form eines Flusses, Sees oder Swimmingpools sollte sich nicht hinter Ihrem Haus befinden, da dies sehr viel Unglück hervorruft. Eine so große Wasseransammlung hinter Ihrem Haus suggeriert verpaßte Gelegenheiten, kann aber vor allem auch ein Hinweis auf Gefahr sein. Dies trifft insbesondere dann zu, wenn das Gelände hinter Ihrem Haus höher liegt. Wasser in höher gelegenem

Gelände hinter Ihnen sorgt dafür, daß Sie all Ihren Reichtum einbüßen. Aus einem solchen Haus sollten Sie ausziehen, da es sich wirklich um eine unglückliche Konfiguration handelt.

- Die Straßen, die Ihr Haus umgeben, sollten sorgfältig überprüft werden. Schlechte Konfigurationen werden auf Seite 51 besprochen. Wenn die Straße vor Ihrem Haus nicht bedrohlich ist und von zwei oder mehreren kleineren Straßen mit langsamem Verkehr gespeist wird, der auf Ihr Haus zuführt, dann ist die Situation sehr günstig. Sie kommt einem steten Zufluß von Reichtum gleich.
- Am besten kann man dem Haus Geldglück sichern, indem man auf die Position der Eingangstür Einfluß nimmt. Sie sollten dafür sorgen, daß sie sich in Ihre Sheng-Qi-Richtung (siehe Seite 124) hin öffnet.

Wasser-Feng-Shui für Reichtum

Im Feng Shui bedeutet Wasser Reichtum. Wassersymbole in Ihrem Haus oder Garten richtig zu plazieren und korrekt auszurichten, ist also eine der besten Methoden, um Wohlstandsglück zu schaffen. Gleichzeitig sollte man jedoch immer umsichtig mit Wassersymbolen umgehen. Mit der wachsenden Beliebtheit von Feng Shui sind Landschaften mit Wasseranlagen im Umfeld neu errichteter Gebäude in Mode gekommen. Unglücklicherweise kann mangelhaftes Wissen hier sehr gefährlich sein, da Wasser durchaus ein zweischneidiges Schwert ist. So ist etwa Wasser, das scheinbar vom Gebäude fortfließt, ein Zeichen großen Unglücks. Wenn das Wasser fortfließt, dann gilt dies auch für Geld.

In Hongkong gibt es ein berüchtigtes Gebäude in der Nähe des Geschäftszentrums, das unter dem Namen Lippo-Gebäude bekannt ist. Es hat ein derart schlechtes Feng Shui, daß bereits mehrere glanzvolle große Firmen, die sich in das Gebäude eingemietet hatten, bankrott gegangen sind. Sein letztes Feng-Shui-Opfer war eine vorher sehr erfolgreiche Investmentbank und davor die BCCI-Bankgruppe, die dort ihre Hongkong-Niederlassung eingerichtet hatte. Das Gebäude hat auch ihrem ehemaligen Besitzer, der indonesischen Lippo-Gruppe, Unglück gebracht. Sein Feng Shui ist so schlecht, weil das ganze Gebäude von Wasser umgeben ist, das jedoch vom Gebäude fortfließt und dabei das Geld all seiner Bewohner fortspült.

In Singapur gibt es ebenfalls ein Gebäude – ein Fünf-Sterne-Hotel – mit einer Wasseranlage, in der sich das Wasser vom Eingang entfernt und dadurch schlechtes Feng Shui bewirkt. Es braucht nicht weiter erwähnt zu werden, daß das Hotel noch nie gut lief, es hat kürzlich erst wieder den Besitzer gewechselt.

Im Wasser-Feng-Shui gibt es eine außerordentlich wirkungsvolle Formel, die genaue Anweisungen gibt, an welcher Stelle und in welche Richtung Wasser von einem Gebäude fortfließen darf. Sie zu erklären würde ein ganzes Buch füllen, und es heißt, daß sie so mächtig ist, daß die meisten Tycoons im Taiwan der unmittelbaren Nachkriegszeit ihr ihren Reichtum verdanken. Für unsere Zwecke reicht eine einfache Wasserformel aus, die festlegt, wo Wasseranlagen wie kleine Springbrunnen, Vogeltränken und kleine Fischteiche im und um das Haus plaziert werden sollen.

Sie basiert auf der Formel vom fliegenden Stern und sagt, daß die besten Plätze bis zum Jahr 2003 der Norden, der Osten, der Südosten und der Südwesten sind. Diese vier

Himmelsrichtungen werden auch im Verlauf der nächsten Zwanzig-Jahre-Periode, die von 2004 bis 2023 reicht, vielversprechend sein.

[illegible] dulden [illegible]

[illegible] dem Geist, während [illegible]
[illegible] erzeugt. [illegible]
[illegible] wahrnehmen, [illegible] Bilder und [illegible]

[illegible] Hand [illegible]
[illegible] eine Wirkung [illegible]
[illegible] mit dem Hauptthema des Lebens, wenn es [illegible]
[illegible] diese Weise [illegible]
[illegible]

Eine Fülle von Glück

»Stimme dich auf die Seele deines Heims ein und strebe einen verheißungsvollen, harmonischen Fluß an. Die Energieströme sollen sich sanft und mühelos dahinschlängeln.«

Jedes Zuhause hat seine ganz spezielle Energie. Ein glückliches Heim erhebt den Geist, während ein trauriges Unbehagen und Spannung erzeugt. Es ist nicht schwierig, sich auf die Energie einzustimmen, die Räumc, Häuser und Wohnungen durchdringt, wenn Sie sich bewußt auf sie konzentrieren.

Das bedeutet, Einfühlungsvermögen für einen Ort zu entwickeln – eine Fertigkeit, die man üben kann. Richten Sie Ihre Aufmerksamkeit auf jedes Gefühl, ob positiv oder negativ, das ein Raum oder eine Wohnung in Ihnen weckt. Beschäftigen Sie sich mit dem Hintergrund des Ortes, wenn es Ihnen erforderlich scheint, da Sie auf diese Weise Hinweise auf seine Qualitäten und Eigenschaften bekommen. Dann machen Sie sich ein Bild davon, in welchem Verhältnis die einzelnen Räume zueinander angeordnet sind. Bewerten Sie im Geiste den Fluß und die Ströme des Hauses. Versuchen Sie zu spüren, ob der Fluß langsam oder schnell oder vielleicht gar nicht vorhanden ist. Zählen Sie außerdem die Öffnungen – Fenster und Türen –, und stellen Sie fest, ob die Energie des Hauses aus ihnen entweichen kann. Machen Sie sich Farben und Formen bewußt, und finden Sie heraus, ob sie zu harmonieren scheinen. Falls Ihnen an dem Ort irgend etwas mißfällt, dann versuchen Sie, die Quelle dieses Unbehagens zu lokalisieren.

Sich in die Energien eines Ortes einzustimmen beruht nicht allein auf Instinkt oder Intuition. Ich muß an dieser Stelle sagen, daß ich wenig von instinktivem oder intuitivem Feng Shui halte – ja, in Wirklichkeit glaube ich nicht einmal, daß es so etwas überhaupt gibt. Sonst könnte Feng Shui nicht gelehrt werden, da es niemandem wirklich möglich ist, Instinkt zu vermitteln. Niemand vermag Ihrer Intuition beizubringen, was und wie Sie fühlen sollen. Ich bin der Auffassung, daß jeder Mensch Einfühlungsvermögen für seine Umgebung entwickeln kann. Doch bei diesem Einfühlungsvermögen handelt es sich weder um Ihren Instinkt noch um Ihre Intuition, sondern um einen Teil Ihres Bewußtseins.

Wir können spüren, daß irgend etwas an einem Ort nicht ganz in Ordnung ist – das sagt uns unser Bewußtsein, indem es in uns ein Gefühl von Unbehagen entstehen läßt –, doch sagt es uns nicht den Grund dafür. Um herauszufinden, *was* da nicht stimmt und wie wir mit dem erkannten Problem umgehen sollen, sind Kenntnisse über die Herstellung eines energetischen Gleichgewichts – oder eben Feng-Shui-Wissen – erforderlich.

Damit ist Feng Shui ein Diagnoseverfahren, mit dessen Hilfe man feststellen kann, was an der räumlichen Anordnung physischer Strukturen in einem gegebenen Raum nicht stimmt. Es ist das Wissen darum, was man tun kann, um Ausrichtungen im Hinblick auf den Energiefluß zu verbessern. Das ist die Substanz des Feng Shui, und die hat gewiß nichts mit Instinkt zu tun. Man kann Feng-Shui-Richtlinien korrekt und falsch anwenden, doch muß eine Diagnose erfolgen, bevor man die Mittel zur Abhilfe auswählen kann.

Bevor Sie zur Tat schreiten, ist es jedoch immer nützlich, sich zunächst mit der Geschichte eines Hauses oder einer Wohnung zu beschäftigen. Falls das Gebäude neu errichtet wurde und an seiner Stelle zuvor ein anderes Wohnhaus oder ein anderer Büroblock stand, das oder der abgerissen wurde, dann sollten Sie feststellen, welche Funktion das vorherige Gebäude hatte. Feng-Shui-Praktiker überprüfen immer die Hintergründe von Wohn- und Büroanlagen.

Wenn sich zum Beispiel auf dem Grundstück vorher ein Krankenhaus befand, dann wird der Ort energetisch stark yin aufgeladen und vermutlich mit einer traurigen Aura befrachtet sein. Krankenhäuser stellen Orte dar, an denen Tausende von Menschen in Schmerzen gestorben sind oder zumindest an schweren Krankheiten gelitten haben. Es braucht wiederum Jahre, um alte Energien, die sich über Jahre angereichert haben, mit der Hilfe spezieller Reinigungsverfahren aufzulösen. Darum ist es leicht zu begreifen, warum aus der Feng-Shui-Perspektive Häuser, die auf einem ehemaligen Krankenhausgrundstück errichtet wurden, nicht empfehlenswert sind.

In Londons vornehmem Stadtbezirk Kensington befindet sich ein äußerst hübscher Wohnblock, der auf dem Schutt eines Krankenhauses errichtet wurde. Diese Neubebauung ist in der Tat äußerst elegant. Doch ich kenne wenigstens drei Familien, die, seit sie in diesen teuren Wohnblock gezogen sind, ernste Krankheiten bekommen oder schwere Verluste erlitten haben.

Eine frühere Bebauung durch ein Krankenhaus ist nicht das einzige, worauf Sie achten müssen. Ebenso ungünstig ist Bauland, auf dem sich zuvor eine Hinrichtungsstätte, ein Schlachthof, eine Polizeistation oder irgendein anderes Gebäude befand, das etwas mit Tod, Leid und Schmerz zu tun hatte. Es kommt häufiger vor, daß es an solche Orten spukt, und selbst wenn dies nicht der Fall ist, dann sollten dennoch Maßnahmen in Form irgendwelcher Reinigungszeremonien ergriffen werden, um diese ungünstigen und schädlichen Energien zu vertreiben. Die Chinesen laden in einer solchen Situation Mönche und Lamas ein, damit sie den neuen Wohnort segnen. Von meinen katholischen und christlichen Freunden weiß ich, daß sie ebenfalls ihren Pfarrer oder Priester bitten, ihr Zuhause zu segnen. Ob Sie es ebenso halten wollen, ist einzig und allein Ihre Entscheidung.

Neuerrichtete Häuser transportieren die auf dem Grundstück verbliebenen Energien und die seiner historischen Umgebung. Alte Häuser hingegen befördern die Energien ihrer früheren Besitzer. Wenn Sie sich also auf die Seele eines Hauses einstimmen, dann sind es diese alten Energien, die Sie vermutlich wahrnehmen. Haben die vorherigen Mieter eine gute Zeit in dem Haus verbracht, dann stehen die Chancen gut, daß die verbliebenen Energien ebenfalls positiv sind. Gleiches gilt im umgekehrten Fall.

Dies allein entscheidet jedoch noch nicht darüber, ob Ihr Feng Shui gut oder schlecht ist. Es vermittelt Ihnen lediglich ein Gefühl für die Energien, die früher vorherrschend waren. Sich auf diesen gefühlsmäßigen Eindruck zu beschränken, reicht nicht aus, um das Feng Shui irgendeines Ortes zu verbessern, doch stellt es einen wichtigen Beitrag dar. Wohnorte mit einer extrem glücklichen oder extrem traurigen Ausstrahlung lassen sich leicht erspüren, identifizieren und beeinflussen. Es sind all die Zwischenstimmungen, die schwer in den Griff zu bekommen sind. Dabei handelt sich um ein energetisches Ungleichgewicht, das mit geringem Aufwand korrigiert werden kann, wenn es erst einmal als solches erkannt wurde.

Ein neues Haus

Wenn Sie ein neues Haus suchen, dann sehen Sie sich die Häuser am besten in den Morgenstunden, auf jeden Fall aber vor Sonnenuntergang an. Der Abend oder die Nacht eignen sich nicht für ein solches Vorhaben, da sie ungünstige Energien erzeugen, die sich mit Ihrer Suche verbinden. Feng-Shui-Meister nehmen es im allgemeinen mit dieser Regel recht genau. Diejenigen, die ihre Arbeit ernst nehmen, ziehen es vor, Häuser und Grundstücke nur in den frühen Morgenstunden, am besten gleich nach Sonnenaufgang, aufzusuchen. Ja, die Feng-Shui-Meister der alten Schule würden niemals eine Feng-Shui-Beratung vornehmen, wenn die Mittagszeit bereits vorüber ist. Manche weigern sich sogar, an einem ungünstigen Tag überhaupt das Haus zu verlassen.

Diejenigen, die weniger streng mit sich sind (oder eben kommerzieller), halten auch am Nachmittag Beratungen ab, doch verzichten sie nach Sonnenuntergang darauf, das Grundstück noch weiter mit dem Luopan zu untersuchen. Sie würden sonst unter den Einfluß von ungünstigem Feng Shui geraten.

Sobald Sie sich auf die Seele eines Zuhauses einstimmen, werden Sie erkennen, daß die wahrgenommene Stimmung die Energien der Bewohner sehr klar wiedergibt. Die Wirkung von gutem Feng Shui vervielfacht sich, und Häuser, die von erfolgreichen und glücklichen Menschen bewohnt werden, haben immer eine glückliche Ausstrahlung. Diese positive Energie zieht ihrerseits wieder zusätzliche glückbringende Energien an. Doch kommt es vor, daß vielversprechende Energien ungünstig beeinflußt werden.

Eine sich verändernde Skyline, neue Gebäude, Straßen und andere von Menschen erschaffene Strukturen, sie alle beeinflussen das Feng Shui Ihres Hauses – oft auf negative Art. So wird zum Beispiel ein großes Gebäude, das direkt vor Ihrer Eingangstür errichtet wird, mit Sicherheit dem Glück den Zugang zu Ihnen verstellen, und Sie müssen etwas unternehmen. Neue Straßen wirken sich auf das Feng Shui der unmittelbar betroffenen Umgebung ebenso schädlich aus wie neue

Einkaufszentren, Fabriken, Lagerhallen, Bahnhöfe und Sanierungen. Sie müssen Veränderungen in Ihrer unmittelbaren Umgebung berücksichtigen und eventuell Ihre günstigen Ausrichtungen und Anordnungen durch entsprechende Änderungen angleichen.

Das Feng Shui Ihres Zuhauses kann auch durch Bäume beeinträchtigt werden, die zu groß werden. Dieses Problem kommt vor allem in tropischen Ländern häufig vor, da dort Bäume und andere Pflanzen sehr schnell wachsen. Es ist unbedingt erforderlich, daß Sie die Bäume und Pflanzen in Ihrer unmittelbaren Nachbarschaft beschneiden und unter Kontrolle halten. Lassen Sie es nicht zu, daß die Sonne gar nicht mehr zu Ihnen durchkommt, denn dann beginnt Yin-Energie zu stagnieren und sich anzusammeln und bewirkt in großem Ausmaß Unglück und Krankheit.

Achten Sie die Kraft der Sonne, denn in ihr liegt großes Glück. Wenn Sie sehen, wie die Sonne in Ihr Haus scheint, dann werden Sie spüren, wie Ihre Geister durch den lebenspendenden kosmischen Atem aufleben. Passen Sie auf, daß wachsende Bäume nicht zuviel Schatten verursachen und die Sonne von Ihnen fernhalten. Die Sonne ist die beste natürliche Quelle für Yang-Energie.

Feng Shui verändern

Feng Shui kann sich auch einfach durch das Verfließen der Zeit zum Nachteil verändern. So ist es beispielsweise denkbar, daß Ihr Zuhause Ihnen zwanzig Jahre lang nichts als Glück beschert hat, und dann geht plötzlich alles schief. Verlust des Arbeitsplatzes und des Einkommens, die Kinder werden krank, ein Todesfall in der Familie – all dies geschieht kurz nacheinander. Sollten Sie etwas Ähnliches erleben und dabei das Gefühl haben, daß dabei irgend etwas nicht mit rechten Dingen zugeht, dann sollten Sie die Zeitdimension des Feng Shui Ihres Hauses anhand der Formel des fliegenden Sterns überprüfen (siehe Seite 147–148).

Sollten Sie nicht wissen, wie Sie mit fliegenden Sternen umgehen müssen, aber trotzdem annehmen, daß sie die Störung verursachen, dann stellen Sie einfach Ihr Mobiliar um, um festzustellen, ob sich etwas ändert. Ist dies der Fall, dann standen Ihre wichtigeren Möbelstücke (Bett, Schreibtisch oder Eßzimmertisch) vermutlich gerade dort, wo fliegende Sterne ungünstig Einfluß genommen haben.

Ich stelle die Möbel in meinem Haus mindestens alle achtzehn Monate um, damit die Energieströme ganz neu durch meine Räume fließen können. Auf diese Weise ist es immer möglich, gutes kosmisches Qi zu stimulieren und der Wahrscheinlichkeit vorzubeugen, daß Energien stagnieren und schließlich Unheil bringen. Jedesmal, wenn ich meine Möbel umstelle, wähle ich mindestens ein Möbelstück, ein Bild oder ein dekoratives Objekt aus, das ich fortgeben möchte, um es durch einen neuen Gegenstand zu ersetzen. Oft ist es auch ein neu erworbenes Objekt, das mich veranlaßt umzuräumen. Ich finde, daß etwas neu Hinzugefügtes immer die Energie des betreffenden Raumes und damit auch des ganzen Hauses auffrischt.

Es ist diese Angewohnheit, die mich davon überzeugt hat, daß es Tausende von Möglichkeiten gibt, um Möbel, Formen und Objekte in einem Raum zu arrangieren und zu mischen und trotzdem ein gutes Feng Shui zu haben. Solange ich mich dabei von den Grundlagen dieser großartigen alten chinesischen Wissenschaft leiten lasse und nicht von ihnen abweiche, werde ich auch weiterhin von einem guten Feng Shui profitieren. Außerdem habe ich festgestellt, daß ich bei der Anwendung der Feng-Shui-Prinzipien so einfallsreich und kreativ sein kann, wie ich will. Das Qi des Reichtums fließt weiter, solange die Seele des Hauses oder der Wohnung im wesentlichen günstig bleibt.

Die Harmonie räumlicher Anordnungen

Vielleicht ist die Art, wie die Energie in einem beliebigen Raum fließt, das entscheidende Stück in jedem Feng-Shui-Puzzle. Strahlt der Raum Harmonie aus, dann fließt die Energie langsam und auf Umwegen und ist daher vielversprechend. Die Energie gelangt mühelos von Zimmer zu Zimmer und von Ecke zu Ecke. Die Elemente jeder Ecke verbinden sich friedlich miteinander. Es gibt keine störenden Zwischentöne und kein Aufeinanderprallen der Energien.

Wenn diese Art Fluß erreicht wird, dann ist die Wohnung von Wohlgefühl und die Aura des Hauses von einem entspannten Wohlwollen erfüllt. Gegenseitiges Anschreien gibt es nicht, und alle Haushaltsmitglieder gehen freundlich und liebevoll miteinander um. Dieses hohe Niveau der Vorzüglichkeit im Feng Shui ist nicht leicht zu erreichen, doch ist es genau das, was Sie anstreben sollten.

Zunächst einmal darf das Zimmer nicht mit Möbeln überfüllt und auch nicht über ein vernünftiges Maß hinaus dekoriert sein. Es sollte ein Gefühl von Geräumigkeit und von ausreichendem Platz vermittelt werden, damit man sich bequem darin bewegen kann. Das Zimmer sollte keine Ecken und scharfen Kanten haben und über Decken in angemessener Höhe verfügen, nicht zu tief und nicht zu hoch. Hübsche Simse ohne vorstehende Enden, getarnte Deckenbalken und

Pfeiler mit wohlüberlegtem Design dürfen Teil des Bildes sein. Sorgen Sie dafür, daß Beschaffenheit und Farbe von Vorhängen den Raum nicht überfrachten, und plazieren Sie Pflanzen sparsam. Bilder sollten mit der Ausstrahlung des Zimmers harmonieren und sich nicht ungünstig von ihr abheben.

Wenn Sie Möbel aufstellen, dann versuchen Sie sie so zu arrangieren, daß sie nicht vorragen und scharfe Kanten bilden. Statt dessen sollten sie sich gut in die Wand einfügen. Speziell angefertigte, eingebaute Möbel lassen meist ein besseres Feng Shui entstehen als Einzelstücke, die sich mitten im Raum befinden. Wählen Sie für die Wohnzimmer symmetrische Zusammenstellungen, die ein Quadrat oder ein Rechteck bilden. Vermeiden Sie möglichst L- oder U-förmige Anordnungen. Sie verheißen Unheil.

Das Feng Shui ist immer besser, wenn die Fußböden eine gerade Fläche bilden und nicht aus mehreren, durch kleine Treppen verbundenen Ebenen bestehen. Mezzaninböden (Zwischengeschosse) erzeugen selten ein gutes Feng Shui, da sie den Energiefluß unterbrechen.

Treppen

Treppen sollten wohlüberlegt plaziert werden. Sie sollten an der Seite des Hauses liegen, nicht in der Mitte. Bogenförmige Treppen sind für den Qi-Fluß gut, doch Wendeltreppen verursachen ernste Probleme (siehe Seite 191). Gibt es eine aufwärts und eine abwärts führende Treppe, die unmittelbar nebeneinander plaziert sind, dann stört dies ernstlich den Energiefluß. Befinden diese sich auch noch der Eingangstür direkt gegenüber, dann weiß das hereinströmende Qi nicht, ob es hinauf- oder hinabfließen soll.

Es ist entscheidend, daß das Qi möglichst in Schlangenlinien fließt. Das Haus sollte so beschaffen sein, daß Türen und Durchgänge nicht in einer geraden Linie angeordnet sind. Die Energie würde sonst einfach geradeaus vorbeirauschen, was äußerst ungünstig ist. Stellen Sie Pflanzen oder irgend etwas anderes auf, das den geraden Fluß der Energie unterbricht. Befinden sich in Ihrem Haus zum Beispiel drei Türen in einer Reihe hintereinander, dann verlangsamen Sie die Energie, indem Sie vor die zweite Tür einen Gegenstand als eine Art bremsendes Hindernis aufstellen. Damit wird das gute Feng Shui des Raumes sofort wiederhergestellt.

Es ist außerdem gut, dafür zu sorgen, daß es im Energiefluß möglichst keine Neunzig-Grad-Winkel gibt. Sie sind ebenso unheilvoll wie ein geradliniges Vorankommen. Der Energiestrom sollte Kurven folgen, statt spitze Ecken umrunden zu müssen – dies gilt für alle Anordnungen. Wenn es Ihnen möglich ist, einige dieser Feng-Shui-Grundregeln zu berücksichtigen, dann wird es Ihnen leichter fallen, die richtigen energetischen Voraussetzungen für all die übrigen Arten von Reichtum zu schaffen. Das gute Feng Shui eines Zimmers oder einer Ecke fließt sanft und vielversprechend weiter.

Im Fluß mit verheißungsvoller Energie

Wenn die richtige räumliche Anordnung einen entsprechend günstigen Energiefluß im Haus bewirkt, wird die sanfte und freundliche Atmosphäre alle Mitglieder des Haushalts positiv beeinflussen. Es wird ihnen leichtfallen, sich dem Fluß zu überantworten und sich in ein Leben des Wohlstands und Wohlergehens hineintragen zu lassen.

Die Gemüter werden sich nicht erhitzen. Jegliche Schwierigkeiten und Probleme, die vom Arbeitsplatz oder aus dem Büro nach Hause mitgebracht werden, verlieren ihre negative Wirkung. Familienmitglieder werden geduldiger und liebevoller, und die Stimmung insgesamt ist von einem allgemeinen Gefühl des Wohlergehens geprägt. Das Zuhause wird zum sicheren Hafen, und diese gute Ausgangsposition wird Ihnen helfen, Probleme ohne weitere Schwierigkeiten zu meistern.

Viele Menschen haben mir versichert, daß sie sich äußerst entspannt und zufrieden fühlen, wenn sie mein Haus betreten. Dabei ist mein Haus nicht besonders klug oder kunstvoll gestaltet. Es ist ein typisches Mittelklassehaus, doch befinden sich darin viele Feng-Shui-Verstärker und zahlreiche Glückssymbole. Feng Shui ist schließlich meine lebenslange Leidenschaft. Vielleicht fühlen sich meine Besucher ja wegen dieser Feng-Shui-Merkmale bei mir so wohl.

Möglicherweise liegt es an meinem Fischteich, der sich links von meinen beiden Vordertüren befindet. Ich habe zwei Eingangstüren, um sowohl der günstigen Himmelsrichtung meines Mannes als auch meiner eigenen entgegenzukommen. Mein Teich ist voller glücklicher, gesunder, fetter und farbenfroher japanischer Karpfen. Der Klang fließenden Wassers wirkt zugleich entspannend und beruhigend. Die Bewegungen der Fische und der Wasserfilter, der immer in Betrieb ist, sorgen für einen nie zur Neige gehenden Vorrat an Yang-Energie.

Vielleicht sind es auch meine wunderschönen Pflanzen. Ich liebe meinen Garten und verbringe viel Zeit mit meinen Orchideen und anderen tropischen Gewächsen. Das tropische Wetter gestattet es mir, die Natur in mein Haus zu bringen, und es ist mir ein leichtes, harte Kanten und Ecken mit üppigem Grün abzuschwächen. Das Holzelement fügt außerdem die Symbolik des Wachstums hinzu.

Es kann auch sein, daß es die großen Panoramafenster in meinem Wohnzimmer sind, denn ich habe viel darangesetzt, daß jedes Fenster den Blick auf wunderschön angelegte Landschaften und Pflanzen freigibt. Meine Fenster sind außerdem frei von jeglicher Bedrohlichkeit und reichen fast bis zum Boden. Sie lassen viel natürliches Sonnenlicht herein, und an sehr sonnigen Tagen brechen strategisch plazierte geschliffene Kristallkugeln das Sonnenlicht auf und erzeugen im Inneren des Hauses überwältigende Regenbögen. Meine selbstgemachten Regenbögen sind wirklich ein toller Anblick.

Möglicherweise ist es auch die Art, wie ich Spiegel im Eßzimmer eingesetzt habe, um ein Gefühl der Höhe und Weitläufigkeit zu erzeugen. Mein Haus erscheint größer, als es tatsächlich ist, es vermittelt ein großzügiges Raumgefühl. Der Spiegel im Speisezimmer transportiert die freie Natur ins Haus, reflektiert meine Blumenbeete und verdoppelt darüber hinaus die Speisen, die auf dem Tisch stehen.

Vielleicht sind es meine nach den Prinzipien des Feng Shui gestalteten und mit vielversprechenden Fischmotiven verzierten gläsernen Tischplatten. Jeder, der an meinem Tisch sitzt, wird von meinen gläsernen Arowana und Karpfen bezaubert. Alle sagen, es sehe aus wie Bleikristall, aber das wäre zu teuer gewesen. Auf der Glastischplatte schwimmen drei kleine Goldfische aus Zinn, die für alle drei Mitglieder meiner Familie – meinen Mann, unsere Tochter und mich – außerordentliches Wohlstandsglück verheißen. Die Familie, die in diesem Raum gerne miteinander ißt, läßt eine glückliche Atmosphäre im Haus entstehen. Außerdem befindet sich das Eßzimmer genau in der Mitte des Hauses und im Brenpunkt

des Energieflusses. Wie könnte ich kein gutes Feng Shui haben?
Ich glaube, es liegt an all diesen Dingen und noch an ein paar anderen Einzelheiten, daß mein Haus eine angenehme Ausstrahlung hat. All die Feng-Shui-Merkmale sind durch den unsichtbaren Fluß der Energie miteinander verbunden, der sich langsam und gefällig durch alle Räume bewegt. Ich habe Ihnen mehr die Wirkung des Flusses beschrieben als die Einzelheiten und wie sie miteinander verbunden sind. Es bleibt also Ihrer Phantasie überlassen, sich den Fluß genauer vorzustellen. Sie können ebenfalls einen günstigen Feng-Shui-Fluß in Ihrem Zuhause anlegen, der dem Grundriß und den Dimensionen Ihres Raums entspricht. Dies wird allerdings nicht ganz einfach sein, denn fast jeder Grundriß hält Überraschungen und Herausforderungen bereit.
Bei jeder Empfehlung, die Sie einem Feng-Shui-Buch entnehmen, wird es irgend etwas in Ihrem persönlichen Lebensraum geben, das Ihnen die Umsetzung schwermacht. In der Praxis ist es unbedingt erforderlich, erfinderisch zu sein und die Tips und Hinweise Ihrer eigenen Situation anzupassen. Sie werden längst nicht jeden einzelnen kleinen Hinweis in diesem Buch nutzen können. Das ist nicht möglich und außerdem auch gar nicht nötig. Im Feng Shui reicht es aus, wenn Sie eine zentrale Voraussetzung – zum Beispiel den Energiefluß in Ihrem Zuhause – richtig hinbekommen, und schon erfreuen Sie sich unglaublichen Reichtums.

Stagnierenden Atem auflösen

Für ein Heim, das dem Wohlbefinden dienen soll, müssen Sie ständig ein Auge auf die Ecken und Winkel haben, in denen sich stagnierendes Qi ansammelt. Meistens handelt es sich dabei um Bereiche im Haus, die wenig genutzt werden: dunkle Ecken, Schränke, Stauraum, Vorratskammern. Dies sind Bereiche, in denen Energie leicht abgestanden, verbraucht und ungesund werden kann.

Stagnierendes Qi muß beseitigt werden. Dunkle Ecken in Schränken müssen gelüftet, gereinigt und vielleicht sogar frisch gestrichen werden. Vorratskammern muß frische Luft zugeführt werden. Alle Eingänge und Ausgänge und Fenster sollten regelmäßig geöffnet werden, um frische Luft und die Sonne hineinzulassen. Auf diese Weise sorgen Sie dafür, daß die Zimmer sich wieder mit unverbrauchter, dynamischer, neuer Energie von draußen füllen. Falls Ihr Teil der Stadt oder Ihr Landstrich unter Umweltverschmutzung leidet, wird die hereinkommende Energie natürlich nicht optimal sein, doch ist das noch immer besser, als mit abgestandener Luft und stagnierendem Qi zu leben.

Büroräume und Hotelzimmer, in denen eine Klimaanlage die Luft lediglich umwälzt, können die reinsten Vorratskammern stagnierender Energie sein. Klimatisierte Räume sollten mindestens einmal im Monat gründlich gelüftet werden.

Reinigen Sie solche Ecken und Räume auch regelmäßig mit besonderen Reinigungszeremonien, wie ich sie auf Seite 66–68 beschrieben habe.

Symbolische Wohlfühlstimulanzien

Die am leichtesten erhältlichen Wohlfühlstimulanzien, die man bei sich zu Hause einbringen kann, sind Windspiele, Pflanzen und Kristalle. Richtig plaziert, erzeugen diese Objekte ein wunderbares Gefühl des Wohlergehens. Ich habe Ihnen bereits Richtlinien und Ratschläge für die Verwendung dieser Hilfsmittel gegeben. Es ist gut, wenn Sie sie in Ihrem Wohn- und Eßzimmerbereich zum Einsatz bringen, damit Sie sie jeden Tag bei Ihrer Rückkehr sehen können.

Wohltuende Kunst

Wenn Sie sich in Ihrem Zuhause glücklich, optimistisch und voller Energie fühlen möchten, dann ist es wichtig, daß Sie keine Bilder (oder Drucke) aufhängen, die traurige, häßliche oder unglückliche Menschen oder Situationen darstellen. Egal, wie gut sie gemalt sind und wieviel Charakter Sie auch in den abgebildeten Gesichtern sehen, Bilder von Männern und Frauen mit beispielsweise verwitterten, traurigen Gesichtern sind einfach kein gutes Feng Shui. Es gibt ein Bild von Picasso mit dem Titel »Weinende Frau«, auf dem der Eindruck von Leid, Verzweiflung und Trauer so ausgezeichnet getroffen ist, daß ich am liebsten weit von dem Bild fortlaufen möchte. Dennoch habe ich einen Druck davon in mindestens drei Häusern gesehen. Ich brauche wohl nicht extra zu betonen, daß es sich dabei nicht um glückliche Häuser gehandelt hat. In allen drei Fällen war die Ehe zerbrochen, und die Ehefrau litt sehr.

Darstellungen von grimmigen Tieren ziehen ebenfalls feindselige Energie an. Tiger, Löwen, Leoparden, Panther und so fort sollten keinen Platz in Ihrem Zuhause erhalten. Sie sind wild, bedrohlich und böse, und die Energien, die sie erzeugen, gefährden das Haus.

Am besten geeignet sind Landschaftsbilder. Wohlhabende chinesische Häuser waren immer mit wunderschönen Gemälden von Bergen mit Wasserfällen und Flüssen geschmückt. Diese Landschaften haben eine bestimmte Feng-Shui-Bedeutung und werden in der Regel strategisch aufgehängt, um der Familie Unterstützung zu bieten. Bilder von Bergen zum Beispiel hängen immer hinter dem reich geschmückten Stuhl des Patriarchen, damit er sich angemessener Unterstützung sicher sein kann.

Abbildungen von Glückssymbolen wie Früchten und Blumen sind ebenfalls ein wichtiges Thema, das Sie vielleicht auch für Ihr Haus in Betracht ziehen möchten. Der Pfirsich ist sehr beliebt, weil er das Symbol für eine sehr robuste Gesundheit ist, die ein langes Leben ermöglicht. Die Pfingstrose ist ein Symbol für Ehe und Liebe.

Zur dritten Kategorie glückbringender Bilder gehören religiöse Darstellungen. Bilder von Gottheiten und Sprüche aus der Bibel, dem Koran oder anderen heiligen Büchern werden als heilige Gegenstände aufgefaßt, die dem Haus kostbaren Segen spenden. Gleichgültig, welcher Religion Sie angehören – wenn Sie religiöse Darstellungen in Ihrem Wohnbereich aufhängen und mit Respekt behandeln, dann erzeugen Sie ein wunderbares Feng Shui des Wohlbehagens in Ihrem Zuhause.

Bei mir daheim hängen herrliche Thankas an den Wänden – buddhistische Meditationsbilder –, und ich habe nicht den geringsten Zweifel, daß ich ihnen zum großen Teil die Atmosphäre entspannter Gelassenheit verdanke, die so vielen meiner Besucher auffällt. Außer ihren religiösen Bildern verfügen viele Religionen auch noch über besonders wichtige Gebete oder Mantras. Diese wirken wie Glückssymbole, und falls Sie welche besitzen, dann sollten Sie sie unbedingt in Ihrem Haus sichtbar machen.

Gutes Feng Shui für alle

Wenn Sie in Ihrem Zuhause gutes Feng Shui schaffen, dann sollten Ihre Motive lauter sein. Versuchen Sie, für sich selbst positives Feng Shui herzustellen, ohne dabei das Feng Shui Ihres Nachbarn zu schädigen. Verwenden Sie möglichst keine feindseligen Hilfsmittel, die das Haus gegenüber beeinträchtigen könnten. Nutzen Sie statt dessen Pflanzen zur Tarnung und konkave Spiegel, die schädliche Energien absorbieren. Wenn Sie dann all die Veränderungen vorgenommen haben, die Ihnen erforderlich schienen, dann stellen Sie das gute Feng Shui in den Dienst aller Mitglieder Ihrer Familie und auch Ihrer Nachbarn. Zählen Sie all die Zielsetzungen und die unterschiedlichen Arten von Glück auf, die Sie für die Mitglieder Ihrer Familie hervorrufen wollen. Indem Sie Ihre Wünsche auf diese Weise formulieren, verbinden Sie das gute Feng Shui fest mit Ihrem Haus. Mit dieser mentalen Zusammenfassung sollten Sie jede Veränderung, die Sie in Ihrem Haus vornehmen, abschließen.

Über die Autorin

Lillian Too war die erste weibliche Generaldirektorin einer Bank in Asien – der Grindlays Dao Heng Bank in Hongkong. In Malaysia, woher sie stammt, wird Lillian Too im *Malaysian Business*, dem führenden Managementmagazin des Landes, als eine »Legende des Unternehmertums, da sie die erste Frau war, die zur Geschäftsführerin einer Aktiengesellschaft ernannt wurde« beschrieben.

Lillian Too hat ihren Abschluß in Betriebswirtschaft an der Harvard Business School in den USA gemacht. Für *Success*, eine der führenden Fachzeitschriften des Landes, ist sie eine Frau, die »Maßstäbe setzt«, während die renommierte Zeitschrift *Vogue* sie als jemanden bezeichnet, »auf den die Leute hören«.

Lillian Too war nicht einfach nur eine erfolgreiche Unternehmerin. Als Geschäftsfrau verdiente sie außerdem genug Geld, um niemals wieder arbeiten zu müssen. Anfang der neunziger Jahre zog sie sich aus dem Geschäftsleben zurück und wurde Vollzeitmutter. Zugleich begann sie auch mit ihrer neuen Karriere als Autorin. Bis zum heutigen Tag hat sie einundzwanzig Bestseller geschrieben, von denen allein neunzehn von ihrem Lieblingsthema Feng Shui handeln, das, wie sie sagt, weitgehend verantwortlich dafür war, daß sie in ihrer Zeit als Unternehmerin und bei ihren Geschäftsabschlüssen jede Menge »Glück« hatte. Ihre Feng-Shui-Bücher wurden in fünfzehn Sprachen übersetzt.

Lillian Toos Website

Sie sind herzlich eingeladen, Lillian Toos Welt des Feng Shui im World Wide Web unter der Adresse www.lillian-too.com zu besuchen.

Sie können sich per E-Mail an sie wenden, falls Sie Fragen zu irgendwelchen Feng-Shui-Aspekten haben. Lillian Toos E-Mail-Adresse lautet: abundance@lillian-too.com. Lillian Too verfügt auch über eine neue Website mit der Adresse www.worldoffengshui.com, auf der Sie Neuigkeiten über die letzten Feng-Shui-Entwicklungen und Buchbesprechungen finden.

Dank

Ich danke vor allem Judith Kendra, die mich dazu ermutigt hat, meine Ideen für dieses ganz besondere Buch zu entwickeln. Ich danke auch meinem Lektor und meinem Buchgestalter, daß sie mein Manuskript so ausgezeichnet als Buch umgesetzt haben, ohne daß es dabei etwas von seiner Essenz einbüßen mußte.

[illegible]

Sarah Bosshard [illegible]

[illegible] dieses Buch [illegible] ermöglicht [illegible] Mit Belgrove [illegible]

Knaur

[illegible]

[illegible]

Eva Hanke/Irene Wagner
Die Heilkraft der Brennessel

Die Heilkraft der Brennessel ist schon seit [illegible] bekannt [illegible] Rezepte Hildegard von Bingens [illegible] Beschwerden oder [illegible]

[illegible]

[illegible] die jeder [illegible] die [illegible] ich [illegible]

[illegible]

[illegible]

Teresa Kennedy
Gesundheit durch Aktivierung der fünf Sinne
Heilung durch genießen scheint ein Widerspruch zu sein. Dieser ganzheitliche Ansatz zeigt aber, wie man durch Aktivierung der fünf Sinne das körperliche und seelische Wohlbefinden wiederherstellt. Lernen Sie, Ihre wahren Bedürfnisse zu erkennen, und entwickeln Sie ein komplettes Wellnessprogramm.

Eva Hanke/Ernst Wagner
Die Heilkraft der Brennessel
Die heilende Wirkung der Brennessel ist schon seit Jahrhunderten bekannt, wie etwa Rezepte Hildegard von Bingens zeigen. Bei Rheuma, Nierenbeschwerden oder zur Entschlackung und Entwässerung kann Brennesselkraut nützliche Dienste leisten.

Knaur MensSana

Ravi und Carola Roy
Selbstheilung durch Homöopathie
Möglichkeiten medizinischer Selbsthilfe, die für jeden anwendbar sind. Durch die übersichtliche Gliederung und die jedem Kapitel zugeordneten Symptom-Verzeichnisse ermöglicht das Buch das schnelle Erkennen des richtigen Mittels.

Michael Reed Gach
Heilende Punkte
Akupressur ist eine alte Heilkunst, bei der die Finger bestimmte Reflexzonen auf der Haut stimulieren. Dadurch werden die Selbstheilungskräfte im Körper aktiviert. Michael Gach zeigt, wie man mit einfachen Techniken Kopfschmerzen, Arthritis, Erkältungen, Schlaflosigkeit und vieles mehr lindern und heilen kann.